기시미 이치로의
삶과 죽음

IMA KOKO WO IKIRU YUKI:
OI・YAMAI・SHI TO MUKIAUTAME NO TETSUGAKU KOGI
by Kishimi Ichiro

Copyright © 2020 Kishimi Ichiro
All rights reserved.
Original Japanese edition published by NHK Publishing, Inc.
Korean translation copyright © 2021 by SA Publishing Co.,
This Korean edition is published by arrangement with NHK Publishing, Inc., Tokyo
in care of Tuttle-Mori Agency, Inc., Tokyo through AMO Agency, Gyeonggi-do.

이 책의 한국어판 저작권은 AMO에이전시를 통해 저작권자와 독점 계약한
SA(에쎄이) Publishing Co.에 있습니다.
저작권법에 의해 한국 내에서 보호를 받는 저작물이므로 무단 전재와 무단 복제를 금합니다.

기시미 이치로의
삶과 죽음

기시미 이치로(岸見 一郎) 지음

SA Publishing Co.
에 세 이 출 판

시작하며

책은 NHK 교토 교실에서 개최했던 철학 강좌를 정리하여 엮은 것입니다. 강연은 2019년 10월부터 2020년 3월까지 한 달에 한 번 총 여섯 차례가 예정되어 있었는데, 마지막 여섯 번째 강연은 코로나19 방지를 위해 두 번에 걸쳐 연기했으나, 결국에는 중지할 수밖에 없었습니다. 때문에 이 책에 수록된 여섯 번째 수업은 실제로는 이루어지지 않았던 '가상의 강연'이 되겠습니다.

먼저 머릿속에 있는 대강의 줄거리를 토대로 강연 내용의 일부를 쓰고, 이어서 지금까지 수강생들과 주고받았던 대화를 떠올리며 질의응답 부분을 작성했습니다. 제5회까지 이루어졌던 강연과 별반 다르지 않다고 느껴 주시면 다행이겠습니다.

학생을 대상으로 하는 대학 강의와는 달리, 다양한 배경의 청중들 앞에서 이야기하는 일은 늘 어렵게 느껴집니다. 각자의 관심사가 다르기에 어떤 예시를 들어 얘기해 나가면 좋을지 고민이 되기 때문이지요. 그럼 차라리 아무런 예도 들지 않고 얘기해 볼까 싶다가도 그렇게 되면 순식간에 내용이 추상적으로 변하기에 그러기도 쉽지 않습니다. 무엇보다 철학에 관한 이야기는 추상적인 내용이 되어서는 안 되거든요.

철학은 온갖 조건을 더하여 생각한다는 의미에서 구체적인 학문이므로 생활과 동떨어진 내용이 되어서는 안 됩니다. 하지만 동시에 철학은 보편적인 학문이기도 하므로 지나치게 현대적인 주제는 피해야 하지요. 여섯 번째 수업에서 어떻게 하면 지금의 시대를 잘 살아낼 수 있을지 생각하며 세계가 현재 직면한 코로나19 사태에 대해 언급하기도 했습니다만, 특정 감염증에 관해서라기보다 '질병의 확산으로 생활이 위협받고 질병이나 죽음의 문제가 절실하게 다가왔을 때, 우리는 어떻게 살아가야 할까?' 하는 문제의 해답을 찾는 실마리로 삼고자 함이었습니다. 다른 사례 역시 마찬 가지입니다.

고대 그리스의 철학자 플라톤의 저작이 여전히 많은 사람에게 널리 읽히고, 고루하다는 생각이 전혀 안 드는 이유는 플라톤이 살았던 시대의 문제가 현재도 존속하기 때문입니다. 이는 다른 말로 인간이 플라톤 시대에서 조금도 진보하지 않았음을 나타낼 수도 있지만, 그만큼 철학이 보편적인 학문임을 방증하기도 합니다.

인생을 어떻게 살아가야 하느냐 하는 질문의 답은 쉽게 얻어지지 않습니다. 답이 없다고 해도 과언이 아닙니다. 그래도 어떻게 생각해 나가면 될지, 생각의 이치를 분명하게 밝히다 보면 직면한 난제를 이전과는 다른 방법으로 직시할 수 있으며, 곤경에 처했을 때 보다 냉철하게 생각할 수 있을 겁니다.

예전에 학생들을 가르칠 때의 일입니다. 제가 한 학생에게 철학 점수를 높게 줬더니 그 학생의 담임 선생님께서 의아해하시며 "이 친구는 다른 교과목 성적은 좋지 않은데 왜 철학만은 좋은 성적을 받았을까요?" 하고 물어보셨습니다. 저는 "철학은 암기할 필요가 없습니다. 중요한 것은 인생을 마주하는 자세죠. 이 학생은 자신이 품은 의문을 남에게 기대지 않고 항상 스스로 진지하게 생각했습니다."라고 답을 드렸지요.

앞서도 썼듯이 다양한 배경을 가진 여러 사람을 대상으로 이야기하는 일은 쉽지 않습니다. 하지만 이번 NHK 강좌를 수강하신 분들께는 공통점이 있었습니다. 바로 제가 높은 점수를 줬던 학생과 같은 자세로 인생을 바라보고 있다는 점입니다. 우리 삶에 있어 너무도 당연하고 사소한 부분이라 대다수라면 생각해 보려고도 하지 않았을 것에 진지한 시선을 보내는 그런 분들이었지요. 그 사실은 이 책에 담은 질의응답을 통해서도 알 수 있으리라 생각합니다.

이 책이 필요한 사람들에게 전해진다면 저자로서도 큰 기쁨이 될 것 같습니다.

첫 번째 수업 ─────────────────────

철학이란
무엇인가?

그럼 바로 강연을 시작해 보겠습니다. 젊었을 때도 철학 강의를 했었지만, 그때는 수강생이 많지 않았기에 오늘 이렇게 많은 분이 오시리라고는 전혀 예상하지 못했습니다. 대단히 감사합니다.

철학은 어려운가?

먼저 "철학은 어려운가?"라는 질문에 답을 하자면, 결론적으로는 어렵습니다. 철학은 평소 우리가 무심코 지나쳤던 것들에 관해 생각하는 학문이기 때문입니다.

저는 늘 소크라테스를 철학자의 본보기 같은 존재로 여겨 왔습니다. 그는 국가가 정한 신을 인정하지 않고 청년들에게 해악을 끼친다는 이유로 재판에 넘겨지는데, 그의 나이 일흔의 일이었지요. 태어나서 처음으로 법정에 선 소크라테스는 자신을 변론하기에 앞서 "말투는 너그럽게 봐주시고, 내 말이 맞는지 틀리는지에만 귀를 기울여 주세요."라고 말합니다.

저 역시 어려운 말에 걸려 넘어지는 일이 없도록 이번 강연에서는 가능한 한 전문용어를 쓰지 않으려고 합니다. 다만, 쉬운 말로 전했다고 해서 그 내용도 간단한 것은 아님을 기억해 주세요.

『인생론 노트』를 집필한 철학자 미키 기요시(三木 清)는 남과 얘기하다가도 느닷없이 명상에 잠기곤 했다고 합니다. 소크라테스도 전장에서 명상에 빠지는 일이 종종 있었다고 전해지지요. 하루 밤낮 가만히 선 채 명상에 잠겼다고 하네요. 물론, 저는 말을 하다가 도중에 관두지는 않을 테지만, 생각하면서 얘기하느라 어쩌면 중간에 말문이 막혀 멈칫할지도 모르겠습니다. 혹시 그러더라도 너그러이 이해해 주시면 고맙겠습니다.

누구나 철학을 배울 수 있다

가끔 철학을 대학에서만 배울 수 있는 학문으로 생각하고 계신 분들을 만납니다. 모두 잘 아시겠지만, 당연히 그것은 사실이 아니지요. 소크라테스가 마을 광장에서 청년들과 대화를 나눴지, 플라톤이나 아리스토텔레스처럼 학생들에게 강의를 하지는 않았던 것처럼, 철학은 어디서나 또 어떤 형식으로든 배울 수 있습니다.

대학에서 철학을 배우려면, 요즘은 어떤지 모르겠지만, 제가 몸담았던 교토대학의 경우 외국어가 필수였습니다. 저는 그리스철학[1]을 전공했는데, 근대어뿐 아니라 그리스어와 라틴어도 배웠지요. 현대철학을 공부하는 경우에도 대학원에 들어가려면 그리스어나 라틴어 시험을 봐야 했습니다.

그러면 외국어를 모르면 철학을 배울 수 없을까요? 꼭 그렇지는 않습니다. 저는 1984년에 처음 애플사의 매킨토시라는 컴퓨터를 샀습니다. 당시 가격이 백만 엔[2] 정도나 해서 살지 말지 한참을 망설이다가 결국 대학원의 대여 장학금을 받고 구매했지요. 장학금을 상환하는 데만도 30년이 걸렸습니다. 애플사의 창업자인 스티브 잡스는 이미 고인이 되었습니다만, 저와 동배였지요. 젊은 시절, 저도 그의 꿈을 좇고 싶었습니다. 그 당시 애플사의 광고 문구는 이러했죠.

"The Computer for the rest of us.(우리 모두를 위한 컴퓨터)"

일부 전문가를 위한 컴퓨터가 아니라, 전문가 이외의 '일반인을 위한 컴퓨터'라는 의미입니다. 저는 철학도 그래야 한다고 생각합니다. 전문가들이 독점하는 학문이어서는 안 된다는 말입니다. 누구나 배울 수 있는 학문이 철학의 본래 모습입니다. 하지만 이렇게

---

1 고대 그리스에서 발생해 고대 로마에까지 계승된 철학을 통틀어 이르는 말.
2 당시 한화 3~4백만 원 정도의 가치.

말씀드려도 막상 철학을 배우려고 하면 괜스레 어렵게 느껴집니다. 저에게도 그런 경험이 있습니다. 고등학교에 다니던 시절, 교과목 중에 윤리사회라는 과목이 있었습니다. 그 수업 시간에 저는 난생처음 철학이라는 학문을 접했습니다. 선생님이 어느 날 플라톤의 '철인정치론'에 관해 설명하셨는데, 철학자가 통치자가 되거나 현재의 통치자들이 철학자가 되지 않는 한 인류의 불행은 끝나지 않는다는 내용이었습니다. 수업을 듣다가 저도 모르게 긴장하고 말았죠. 그런 제 모습을 보시더니 선생님께서 "아냐, 아냐. 괜찮아. 그렇게 어려워할 거 없어.", "선생님이 설명하면 단박에 이해할 수 있거든." 하고 말씀하시더군요.

선생님의 수업은 늘 명쾌했습니다. 독일의 시인 프리드리히 횔덜린은 철학자 칸트의 강의를 이렇게 평합니다. "강의 그 자체가 사람을 즐겁게 하는 대화다."라고요. 고등학교 시절 선생님의 수업이 두말할 것 없이 그러했습니다. 후에 대학에서 교편을 잡게 된 저도 그런 강의를 하고 싶었습니다. 오늘부터 시작하는 강연이 그렇게 될는지는 모르겠으나, 가능한 한 그리되도록 노력해 보겠습니다.

저는 얼마간 방황하다 스물다섯이 돼서야 대학원에 들어갔습니다. 그런데 그해 어머니가 갑자기 뇌경색으로 쓰러지셨지요. 어머니가 병으로 쓰러지셨을 때, 아버지는 일을 하서야 했고, 여동생은 결혼해서 출가한 상태라 학생이었던 제가 병간호를 할 수밖에 없었습니다.

당시 저는 모 대학 교수님의 자택에서 열리던 플라톤 독서회에 매주 참석하고 있었습니다. 어머니를 간병해야 해서 한동안 독서회에 참석하지 못한다는 말씀을 전하려고 교수님께 전화를 드렸는데, 그때 교수님이 이런 말씀을 하시더군요.

"이럴 때 도움이 되는 게 바로 철학이라네."

그 말씀에 굉장히 놀랐습니다. 철학을 두고 '도움이 된다'는 얘길 듣게 될 줄은 생각도 못 해봤으니까요.

교수님은 왜 그런 말씀을 하셨을까요? 어머니는 마침내 의식을 잃고 병원 침대에서 꼼짝도 못 하는 상태가 되셨습니다. 만일 그때 제가 철학을 배우고 있지 않았더라면 그저 절망하기만 했을지도 모릅니다. 철학을 배우고 있었던 덕분에 차분하게 현실을 마주할 수 있었지요. 몸도 못 움직이고 의식까지 잃게 되면 과연 살아갈 가치가 있을지, 인생의 의미는 무엇인지, 그런 것들을 병상에 계신 어머니 곁에서 열심히 생각했습니다.

책도 많이 읽었어요. 마르쿠스 아우렐리우스의 『자성록』도 그때 읽었지요. 저는 마르쿠스 아우렐리우스처럼 그날그날의 생각을 노트에 적어 두는 방법으로 정신의 균형을 유지하고자 했습니다. 그런 의미에서도 '이럴 때 도움이 되는 게 바로 철학'이라는 교수님 말씀이 마음에 와닿더군요.

이왕 배우는 거 이런 철학이 아니고서는 안 된다고 생각합니다. 철학을 배우는 이상 배우기 전과 배운 후의 인생은 달라야 합니다. 그렇지 않으면 철학을 배우는 의미가 없습니다.

철학의 정의

철학에 관한 여러 이야기를 했는데, 정작 중요한 '철학의 정의'에 대해서 아직 설명을 못 드렸네요. 철학이란 무엇일까요?

그리스어로 철학은 필로소피아(philosophia)라고 합니다. 근대어로는 번역되지 않고 그대로 사용되고 있습니다. 영어로는 필로소피(philosophy)라고 하는데, 무슨 의미냐면 '지혜를 사랑한다'라는 뜻입니다. 그런데 일본에서는 '철학'이라는 역어를 사용해서 원래의 의미를 알 수가 없습니다. 원어의 '사랑한다'라는 의미를 반영하기 위해서 예전에는 '희현학(希賢學)'이라든가 '희철학(希哲學)' 등으로 옮겨

적기도 했었지요. '희(希)'는 '사모하다'라는 뜻이거든요. 이렇게 번역된 경위라든가 원래의 필로소피아라는 말이 그리스 문헌 어디에 나오는지에 관한 이야기는 이번 강연에서는 생략하겠습니다.

그래도 방금 잠시 살펴본 '철학'이라는 단어의 어원인 '애지(愛知)', 즉 '지혜를 사랑한다'라는 말을 통해 철학의 정의를 내려 보면, 철학은 기성의 가치관이나 상식을 의심해 보는 정신이라고 말할 수 있겠습니다. 평소엔 생각해 보지 않았던 것, 이를테면, 이것은 두 번째 수업에서 말씀드릴 생각입니다만, '성공하면 행복해질 수 있다'라고 하는 통념에 반문하는 일이지요.

일반적으로 중고등 학생은 물론 그 부모님까지도 입시를 목표로 열심히 공부하여 좋은 대학에 가고 일류 기업에 취직하는 게 소위 성공한 삶이라고 생각합니다. 이러한 사실을 추호도 의심하지 않는 사람들도 있지요.

저는 오랫동안 심리 상담을 해왔습니다. 상담을 받으러 오는 분들 중 대부분이 우리 사회가 당연시하는 '인생 코스'에서 벗어난 사람이라고 해도 과언이 아닙니다. 그렇게 찾아오시는 분들과 함께 성공을 해야만 행복한 것인지를 생각합니다. 지금까지 생각해 보지 않았던 부분에 관해서 생각하는 것, 그것이 철학이라고 일단은 이해해 주시기 바랍니다.

이처럼 우리는 기성의 가치관이나 상식에 의문을 품어야 함은 물론이고, 지금 세상에서 벌어지고 있는 여러 가지 일들을 진지하게 고민해야 하며, 정치가가 하는 말이 사실인지를 항상 의심해 봐야합니다. 소크라테스가 바로 그랬습니다.

어느 날 소크라테스의 열정적인 벗이자 제자였던 카이레폰이 델포이의 아폴론 신전을 찾아가 "소크라테스보다 지혜로운 자가 있습니까?" 하고 물었습니다. 그리고 그는 "소크라테스보다 더 지혜로운 자는 없다."라는 신탁을 받아 돌아왔지요. 신탁의 내용을 전해들은 소크라테스는 의문을 품습니다. 자신에게는 '크든 작든 간에 지혜가 없다는 것을 알고 있었기' 때문이죠. 소크라테스는 언젠가 신탁의 내용에 반박할 근거를 찾기 위해서라도 자신보다 더 지혜로운 자를 찾아야겠다는 생각으로 지자(知者)³라고 불리는 사람들을 찾아다니며 문답을 통해 그들의 지혜를 확인하고자 합니다. 하지만 도리어 그 결과 정치가, 작가, 장인 등 현명하다고 말해지는 사람, 지혜롭다고 여겨지는 사람들이 실제로는 아는 게 아무것도 없다는 사실을 알게 되지요.

소크라테스는 그제야 비로소 신탁의 의미를 깨닫습니다. 다른 이들은 자신이 아무것도 모른다는 사실을 알지 못하는데, 소크라테스 자신은 스스로의 무지를 알고 있었기 때문에 신이 자신을 가리켜 지혜롭다고 했음을요. 이 문답의 과정을 통해 대중들 앞에서

---

3 지식이 많고 사물의 이치에 밝은 사람을 이르는 말.

자신의 무지함을 드러내게 된 사람들은 소크라테스를 미워하고 비방했습니다. 반대로 신탁의 의미를 풀기 위한 문답의 과정을 지켜본 젊은이들은 이윽고 소크라테스를 따르며 그의 문답법을 흉내내기 시작했지요. 얼마 뒤 소크라테스는 청년들에게 악영향을 끼친다는 이유로 고발을 당했습니다. 그렇게 해서 재판을 받고 사형에 처합니다.

오늘은 철학이라는 학문이 어렵기는 해도 배움에 앞서 긴장할 필요는 없다는 이야기에서 시작했습니다. 벌써 오늘 강연의 절반이나 왔네요. 이어질 철학에 관한 얘기는 다소 부담스러울 수도 있습니다. 하지만 철학은 배우기 전과 후의 삶이 바뀌지 않을 수 없을 만큼 커다란 영향력을 가진 학문입니다. 지금부터 강의할 내용도 결코 듣기에 좋지만은 않을 것입니다. 마음이 조금 불편할지도 모르겠습니다. 그래도 끝까지 함께해 주시길 바랍니다.

───── 철학은 돈 안 되는 학문이라는 생각

본론에 앞서 제가 처음 철학을 배우게 된 계기를 소개해 볼까 합니다. 초등학교 3학년 때, 할아버지와 남동생, 할머니가 연달아 세상을 떠났습니다. 그때 인생 처음으로 '죽음'이라는 것이 있음을 알았지요. 제게는 매우 충격적인 일이었습니다. 지금 이렇게 뭔가를 생각하고, 뭔가를 느끼고 있는데 죽어 버리면 모든 것이 무(無)가 될지도 모른다는 생각을 하니 무서워지더군요. 그런데 주변 어른들은 죽음이라는 게 있다는 사실을 전혀 모르는 것처럼 사는 듯 보였고, 저는 그게 용서가 되지 않았습니다.

그 후로 꽤 오랜 시간 음식을 잘 못 넘기고 정신적으로도 힘들어했던 것 같습니다. 죽음이 무엇인지 알고 싶어졌고 그 궁금증이 제가 철학을 배우고자 결심한 계기가 되었죠.

물론 초등학생이었던 저는 철학이라는 학문이 있는 줄 몰랐습니다. 그래서 처음엔 의사가 되려고 했어요. 의학을 배우면 죽음이 뭔지 배울 수 있으리라 생각했거든요. 하지만 제가 무서웠던 건 몸이 없어지는 것이 아니라, '나'라는 인격체가 없어지는 것이었습니다. 그런 생각이 들자 신체를 연구하는 의학으로는 제가 가지고 있는 의문을 해결할 수 없을 듯했습니다. 당시에 제가 만일 정신의학이라는 학문 분야를 알고 있었더라면 어쩌면 제 인생은 달라졌을지도 모르지만요.

고등학생이 되어 마침내 앞서 잠시 언급했던 윤리 선생님을 만나게 되었습니다. 선생님의 영향으로 철학에 흥미가 생긴 제가 대학 또는 대학원에 가서 철학을 공부하겠다고 하자, 뜻밖에 아버지가 반대하시더군요.

아버지는 철학에 대해서는 잘 모르셨을 겁니다. 하지만 1903년,

만 열여섯의 나이에 "삶은 불가해한 것이다."라는 말을 남긴 채 게곤 폭포에 몸을 던져 자살한 후지무라 미사오(藤村 操)에 관해서는 알고 계셨던 것 같습니다. 당시 염세관[4]에 따른 엘리트 학생의 죽음으로 사회에 큰 반향을 불러일으켰던 사건이었거든요. 아버지 세대라면 다 아시는 얘기일 겁니다. 아버지는 혹시나 제가 그런 영향을 받아 스스로 목숨을 끊을까 겁이 나셨던 것 아닐까요?

또 다른 이유를 짐작해 본다면 철학은 배워도 경제적으로 별 도움이 안 될 거라고 생각하셨기 때문일지도 모릅니다. 고등학교 시절 제가 존경하던 윤리 선생님조차도 철학을 배우는 걸 반대하셨는데, 그 이유가 나중에 경제적으로 곤란해질 것이라는 점 때문이었으니까요.

하지만 제 의지가 굳은 것을 아신 선생님께서는 결국 생각을 바꾸시고 응원해 주셨습니다. 토요일 방과 후 몇 차례에 걸쳐 개인수업을 해주셨는데, 마르크스의 『경제학 비판』의 서문을 함께 읽었지요. 당연히 번역본으로 읽었습니다만, 텍스트에는 독일어 원문도 있었으므로 독일어도 함께 읽어 달라고 부탁드렸더니 선생님께서는 고등학생이 독일어를 아느냐고 묻지도 않으시고 독일어도 함께 읽어 주시더군요. 사실 저는 중학생 때부터 독일어를 공부했었

---

4 세계나 인생을 불행하고 비참한 것으로 보며, 행복이나 희열도 일시적인 것에 불과하다고 보는 경향이나 태도.

습니다.

철학은 돈 안 되는 학문이라고들 하죠. 그다지 틀린 말은 아닌 것 같습니다만, 이 이야기의 진위를 논하기 전에 탈레스라는 고대 그리스 철학자의 일화를 하나 소개해 드리겠습니다. 사람들이 철학은 아무 쓸모가 없다며 탈레스의 가난을 비난하자 탈레스는 기상 연구를 통해 이듬해 여름에 올리브가 풍작이 될 것을 예측하고 올리브 착즙기를 사재기합니다. 여름이 되어 사람들은 올리브 착즙기를 구할 수 없다는 사실을 알게 되는데, 그때 탈레스는 자신이 사 두었던 올리브 착즙기를 비싼 가격에 되팔아 순식간에 부자가 되지요.

여기서 오해를 하시면 안 될 게, 이 이야기의 핵심은 탈레스가 부자가 된 과정이 아니라, 돈을 벌려고 마음만 먹으면 얼마든지 벌 수 있지만, 돈 버는 것을 인생의 중대사로 여기지 않는 자세, 철학자는 돈을 못 버는 것이 아니라 돈을 안 벌겠다고 마음먹고 있을 뿐이라는 사실입니다. 그러니 철학이 돈 안 되는 학문인지, 아닌지를 가리는 일은 애초에 고민할 거리가 아니라는 이야기이지요.

금전적, 경제적인 성공이 과연 행복한 일일까요? 이 사실도 자명하지는 않습니다만, 이 이야기는 우선 여기까지 하고 자세한 내용은 다음 강연에서 생각해 보도록 하겠습니다.

그렇다면 이제 철학이라는 것이 무엇인지 얘기해 보겠습니다. 철학은 사실 구체적인 학문입니다. 참새 다섯 마리가 전깃줄에 앉아 있는데 그중 한 마리를 총으로 쏴 떨어뜨리면 전깃줄에는 과연 몇 마리의 참새가 남아 있을까요?

산수나 수학에서라면 답은 네 마리입니다. 하지만 사실은 네 마리가 아니죠. 총소리에 놀란 참새들이 한 마리도 남지 않고 날아가 버릴 테니까요. 그러므로 현실에서는 한 마리도 남아 있지 않다는 답이 정답입니다. 참새가 총소리에 놀라 날아가 버린다는 조건도 더해서 생각해 나가는 것이 철학입니다. 구체적으로 생각한다는 말은 바로 이런 의미죠.

이렇게 생각하면 산수나 수학이 추상적인 학문이라는 사실을 잘 알 수 있습니다. 그렇다면 정치학 또는 경제학은 어떨까요? 이런 학문도 추상적인 학문이라는 사실을 알고 있어야 합니다. 경제학도 정치학도 추상적인 학문이므로 현실의 온갖 조건을 가미하고 있지는 않다는 얘기죠. 그러므로 어떤 정책을 실행하거나 실질적인 문제를 처리할 때, 혹은 발생한 상황을 파악할 때 경제학이나 정치학이 별 도움이 안 되기도 합니다. 예를 들어 소비세가 인상되었을 때, 분석한 수치와 우리가 실감하는 체감 인상률이 다르듯 말입니다.

반대로 철학은 그런 것도 알고 있는 상태에서, 즉 모든 조건과 상황을 가미하여 생활인으로서 실제적(實際的)으로 사물을 생각하는 학문입니다. 재해나 사고가 발생했을 때, 희생자의 수만 가지고 문제를 파악하려는 사람이 있습니다. 예상했던 것보다 사망자 수가 적어서 그나마 다행이라고 말하는 정치인도 등장하지요. 하지만 희생자 가족들은 어떨까요? 가족을 잃은 그들의 삶은 완전히 바뀌어 버립니다. 그들에게 한 사람밖에 죽지 않았으니 큰 재해나 사고는 아니었다고 감히 말할 수는 없지요.

　하지만 철학이 구체적인 학문이라고는 해도 '학문'은 다소 추상적일 수밖에 없습니다. 모든 것을 개별적으로 생각하려고 하면 학문이 되지 않습니다. 학문만 그런 게 아닙니다. 어떤 사람에게는 해당되어도 자신에게는 해당되지 않는 일이 있습니다. 이를테면 부모 입장에서 자녀를 키우다 보면 아이를 야단쳐서는 안 되겠다거나 칭찬해서는 안 되겠다는 생각을 하게 되는 순간이 있습니다. 이런 깨달음은 경험법칙[5]을 통해 배우지 않으면 응용하기 어렵습니다. 아이는 모두 다르니까요. 게다가 아이는 성장합니다. 같은 아이라도 항상 같은 상태로 있는 것이 아니라는 이야기이지요. 아이에 따라 또는 아이가 성장함에 따라 부모는 다른 대응을 해야 하므로, 경험

---

5 경험으로부터 얻은 모든 지식이나 법칙. 반드시 학리상의 어려운 법칙에 국한되는 말은 아니다.

법칙을 통해 배운 것만 가지고서는 어떻게 대응하면 좋을지 알 수 없습니다. 그러므로 자녀를 잘 돌보기 위해서는 아이를 개별적 그리고 구체적으로 살펴봐야 하는데, 그러면서도 동시에 각 성장기 아동의 일반적인 특징도 제대로 이해해야 합니다.

구체적인 학문이라는 측면에서 철학은 상상력과 관련이 있습니다. 상상력을 이용해 구체적으로 생각할 수 있게 되기도 하고 반대로 상상력이 부족해 구체적으로 생각할 수 없게 되기도 합니다. 예를 들어 전쟁 시에는 눈앞에 나타난 적을 먼저 쏘지 않으면 순식간에 자신이 죽임을 당합니다. 그러니 자신을 지키려면 적을 향해 방아쇠를 당길 수밖에 없지요. 그런데 실제로 제2차 세계대전 당시 30% 정도의 병사가 방아쇠 당기기를 주저했다고 합니다. 본인이 죽게 될지도 모르는 긴박한 상황에서도 자신이 총을 쏴서 죽이게 될 상대방에게도 가족이 있겠거니 상상하며 차마 방아쇠를 당기지 못했다는군요. 그래서 후의 전쟁에서는 게임 훈련을 도입하는 등의 방법으로 적이 눈앞에 나타났을 때 곧바로 방아쇠를 당기거나 미사일 발포 버튼을 누를 수 있도록 훈련을 했다고 합니다. 일종의 상상력 차단 훈련을 한 셈이지요.

인간의 상상력이 미치지 않는 예시도 있습니다. 바로 소중한 생명이지요. 신기지 건설을 강행하며 아름다운 산호초로 뒤덮인 오키나와의 헤노코(辺野古) 해안을 매립해 버리고 있는데도 조금도 개의치 않는 사람이 있습니다. 그로 인해 천연기념물인 듀공이 멸종될

위기에 처했음에도 아무런 죄책감도 못 느끼는 듯합니다. 오키나와의 바다를 보고 거기서 생명을 느낄 수 있느냐 없느냐 하는 것이 바로 상상력입니다. 그런데 안타깝게도 상상력이 부족한 분들이 많은 것 같습니다. 바다를 메워 버리면 아름다운 산호초는 어떻게 될지 조금이라도 고민하고 생각했더라면…. 그런 것을 전혀 생각하질 않으니 아무 거리낌 없이 매립할 수 있는 것이겠죠.

배제되는 가치

고대 그리스 철학자들에게 자연은 물질이 아니라 영혼이었습니다. 자연을 생명이 없는 물질로 여기지 않았죠. 저는 그런 감각이 당연하다고 생각하는데, 이제는 저와 같이 생각하는 분들이 점점 사라지고 있는 것 같습니다.

우물물은 연중 같은 온도입니다. 일 년 내내 18도 정도를 유지하는데, 겨울철엔 따뜻하게 느껴지고 반대로 여름철엔 차갑게 느껴집니다. 그런데 현재의 자연과학에서는 그런 감각은 사실이 아닌 것으로 판명됩니다. 일 년 내내 18도를 유지한다는 것이 사실이고, 차갑거나 따뜻하게 느껴지는 감각은 인간이 주관적으로 만들어 내고 있는 생각이라는 것이죠.

자연철학은 '물질'을 세상의 궁극적인 토대라고 여깁니다. 이러한 사고방식은 고대 그리스에도 있었습니다. 데모크리토스라는 철학자는 '달다, 맵다, 뜨겁다, 차갑다'라고 하는 감각은 실질적인 물질이 아니라고 했습니다. 그것은 자신이 만들어 내고 있는 것이거나 노모스(nomos)[6], 즉 약속으로 정해진 규칙이라고 말이죠.

음식을 먹고 맵다거나 싱겁다고 느끼는 감각을 본인의 주관적인 생각일 뿐이라고 여기는 세계관에서는 감각뿐 아니라 생명, 마음, 목적 또는 가치와 같은 것도 주관적으로 만들어지는 것에 지나지 않습니다. 하지만 세상의 궁극적인 모습 안에 생명도, 마음도, 목적도, 가치도 있다고 생각한 사람들이 고대 그리스 시대 이후에 등장합니다. 가치 등이 이 세상에서 배제되어 버리면 어떤 문제가 일어날지 생각해 봐야 합니다.

먼저 현실적인 측면에서 보면 가치중립적 입장을 취하려는 사람들이 나타나지요. 정치인이 문제적인 발언을 했을 때, 신문기사 등에는 '비판 여론이 예상된다'라는 식의 표현이 쓰이는데, 신문사에서는 어째서 강력하게 비난하거나 문제를 추궁하지 않을까요? 또, '야당은 이런 입장이다'라는 식의 표현도 그렇습니다. 정부를 비판

---

6 고대 그리스에서 규칙, 습관, 법제의 의미로 사용되었으며 넓은 의미로 인위적으로 만들어진 것, 인습적인 것, 단순히 상대적이고 본래적이 아닌 것 등의 의미를 가지기도 한다.

하는 일이야말로 매스컴의 사명이라고 생각하는 저로서는 이해하기가 어렵습니다만, 신문사를 비롯한 매스컴에서는 가치중립적 태도를 취해야 발언에 대한 책임을 회피할 수 있다는 생각으로 모호한 표현을 쓰는 것이죠. 하지만 저널리스트는 올바른 가치판단을 통해 틀린 것은 틀렸다고 말할 수 있어야 합니다.

반대로 가치를 강요하려는 사람이 있습니다. 국가가 사람들 마음에 침입하려고 합니다. 소크라테스는 그 누구보다도 애국자였습니다. 하지만 그는 국가와 정권을 분명하게 구별했습니다. 정말로 나라를 사랑한다면 당대의 정부가 하고 있는 일이 잘못되었다 싶을 때는 비판을 해야지요. 제 한 몸 사리기 바쁜 정치인의 부정행위를 감싸며, 시키면 시키는 대로 허위 발언을 일삼는 공직자들이 있습니다. 그런 사람들에게 틀린 건 틀렸다고 말할 수 있는 사람이야말로 진정한 애국자입니다. 위정자들도 지금 자신들이 하고 있는 일이 국민의 반발을 사는 일임을 알기에 애국심을 강요하려고 하는 것입니다. 바로 그런 행동이 국가가 국민의 마음에 침입하려 한다는 말의 의미입니다.

도덕을 강요하려는 사람도 있습니다. 사물의 옳고 그름은 자기 자신이 판단해야 합니다. 그럼에도 위에서 밀어붙이려고 하죠. 도덕이 교과목으로 정해지고, 교사가 일정한 기준에 따라 성적까지 평가한다니 있을 수 없는 일입니다. 철학은 기성의 가치관을 철저히 의심합니다. 사물을 고찰하고 어떠한 의견이나 사실이 정말로 옳은지를 가만히 멈춰 서서 생각하는 데 꼭 필요한 학문이지요.

최근에 정부 기관 홈페이지에 게재된 '공생 사회'라는 단어가 '코히시브 소사이어티(cohesive society)'로 번역되어 있다는 지적이 있어서 살펴봤더니 정말로 그렇더군요. 보통은 '다양성' 또는 '다양한 사람들을 포함한다'라는 의미로 인클루시브(inclusive, 포괄적)라는 단어를 사용합니다. 'cohesive society'라고 하면 '단합이 있는 사회', '결속력 있는 사회'라는 의미가 됩니다. 즉 모두가 일치단결하여 단합하는 사회를 지금의 정부는 이상으로 내걸고 있는 듯 보입니다.

다양하다는 것은 불일치를 의미합니다. 물론 모든 사람의 생각이 옳을 수는 없겠지만, 저마다의 생각을 품은 사람들이 더불어 살아가고, 모두가 자유롭게 자기 생각을 표현할 수 있는 사회가 본래의 마땅한 사회라고 저는 생각합니다.

일치단결 자체가 나쁜 것은 아닙니다. 재해가 발생하면 모두가 협력해야 합니다. 그러나 일치단결이 지나치게 강조될 경우 모두가 같은 생각을 가지도록 요구됩니다. 예를 들어 올림픽 같은 국가적 대규모 행사가 있을 때, 반대하는 사람을 비난하고 찬성을 강요하는 일이 있을 수도 있겠지요.

재해가 발생했을 때도 그렇습니다. 동일본 대지진 이후 '유대감'이라는 말이 빈번히 사용되었는데, 물론 사람과 사람이 연결되어 있다는 감각 자체는 중요합니다. 재해 발생 시 "자신의 생명을 지키기 위한 행동이 필요합니다."라는 말이 방송을 통해 자주 나옵니다만, 이처럼 자신의 몸을 지키는 것이 자기 책임이 되는 사회에서는 공적 원조에 기대기는 어려우므로 어쩔 수 없이 자조(自助)나 공조(共助)를 통해 서로를 지켜 나가야 합니다. 서로를 도우려 하는 태도는 매우 중요하지요. 하지만 강요되어서는 안 된다고 생각합니다.

지금까지 살펴본 바와 같이, 한편으로는 가치가 배제되고 있는데, 다른 한편으로는 강요되고 있는 점이 지금 시대의 문제입니다. 철학의 역할은 강요된 일일지라도 가치판단이라는 측면에서 그 행동이 진정 옳은지를 끊임없이 검증해 나가도록 하는 것이라고 이해해 주시면 좋겠습니다.

인간의 행위는 가치판단을 통해 이루어진다

인간의 행위는 가치판단을 통해 이루어집니다. 예를 들어 손에 들고 있던 분필을 놓아 버리면 분필은 반드시 바닥에 떨어집니다. 분필에는 의지가 없으므로 맥없이 떨어져 두 동강 나 버리겠죠. 하지만 인간의 행위는 그렇지 않습니다. 인간은 행위에 앞서 '목적' 또는 '목표'를 세웁니다. 이 말은 인간이 무언가를 하려고 할 때는 그 행위가 '선(善)'인지 '악(惡)'인지를 판단한다는 뜻입니다.

이 선과 악이 바로 '가치'입니다. 그리스어로 '선(αγαθό)'과 '악(πονηρό)'이라는 단어에는 도덕적인 의미는 없습니다. 그저 선은 '도움이 된다', 악은 '도움이 안 된다'라는 의미일 뿐이죠. 그러므로 자신이 하고자 하는 행위가 자신을 위한 것이 될지, 자신을 위한 것이 되지 않을지를 판단해야 합니다. 도움이 안 되는 일은 당연히 하지 않습니다. 도움이 되는 일은 당연히 하게 마련이고요.

문제는 무엇이 자신에게 선인지, 즉 '도움이 되는지'를 잘못 판단하는 경우이지요. 예를 들어 '성공하는 것이 자신에게 도움이 된다'고 생각하는 사람은 입시 공부에 매달리겠죠. '학교에 가는 것이 선'이라고 믿어 의심치 않는 사람은 아무 생각 없이 아침이 되면 학교에 갑니다. 그런데 아무 생각 없이 학교에 가는 아이들과 달리 모두가 자명하다고 생각하는 사실에 의문을 품는 아이도 있습니다. 그런 아이들은 학교에 가서 공부하는 일에 어떤 의미가 있는지, 자신이 매일 반복하고 있는 이 생활이 과연 가치가 있는 일인지를 생각하지요.

만일 아이가 학교에 가지 않는다면 어른은 아이에게 학교에 안 가는 이유를 제대로 물어봐야 합니다. 아이는 어른이 자신의 얘기를 도중에 가로막지 않고 끝까지 들어 줄 것이라는 확신이 들면 이유를 말해 줍니다. 그런데 어른은 대체로 아이의 이야기를 끝까지 듣지 않습니다. 이해하는 것과 찬성하는 것은 별개이므로, 아이의 생각을 듣고 찬성하기 힘들 수도 있겠습니다만, 찬성이냐 반대냐

고민하기 전에 먼저 이해하려고 노력해야 합니다.

어른은 아이가 스스로 생각하는 것을 좋아하지 않습니다. 그러나 세속적인 또는 전통적인 기존의 가치관이나 상식에 얽매여 아이를 억압하는 것은 잘못이라고 생각합니다.

물론 부모가 자녀에게 자신의 의견을 말할 수는 있습니다. 다만 그것은 어디까지나 부모 자신의 생각일 뿐이므로, 그것이 절대적으로 옳다는 식으로 밀어붙여서는 안 됩니다. 부모의 생각을 전달했을 때 아이가 받아들여 준다면 좋겠지만, 아이가 거부하더라도 화를 내서는 안 되는 것이죠.

다시 본론으로 돌아가서, 행위의 주체가 행위의 목적이나 목표를 의식하지 못하고 있는 경우도 많습니다. 그러나 행위를 통해 자신이 얻고자 하는 바를 명확히 알면 그것을 달성하기에 더욱 효과적인 수단이 무엇인지 가늠할 수 있게 됩니다.

어느 한 고등학생이 복도에서 선생님과 마주쳤는데 인사를 하지 않았습니다. 그러자 선생님이 학생을 불러 세우고는 "선생님을 봐도 인사할 줄 모르는 녀석은 이제부터 학교에 나오지 마."라고 말했습니다. 그 학생은 다음 날부터 학교에 가지 않았습니다.

며칠 후 학생은 무단결석을 이유로 상담을 받게 됩니다. 학생의 상담을 맡은 상담사는 학생에게 무단결석을 하는 이유가 학교에 나오지 말라고 한 선생님에게 복수하고 싶어서냐고 물었죠. 그러자 학생이 "듣고 보니 그런 것 같아요. 내가 학교에 안 가면 선생님이 걱정하시겠지 하고 생각했어요."라고 말했습니다. 자신이 학교에 가지 않으면 선생님이 걱정하실 테고, 나중엔 자신을 떠올리며 불편한 마음을 갖게 될 테니, 그렇게라도 선생님께 '복수'하자고 생각했다는 의미입니다. 상담사는 학생에게 말했습니다.

"너에게 선생님은 그 한 사람이지만, 선생님 입장에서 너는 많은 학생 중 한 명일 뿐이야. 네가 학교를 쉬어도 선생님은 네가 생각하는 것만큼 걱정도 안 하고 불편한 마음도 안 가질걸."

사람은 공동체에 속해 있지만, 모두가 그 중심에서 살고 있는 것은 아닙니다. 세상이 자신을 중심으로 돌아가지는 않습니다.

"복수하고 싶다면서 너 자신만 손해 보는 일을 왜 하니? 학교에 안 가면 너만 손해 보는 건데, 네가 손해 안 보면서 선생님께 복수하는 좋은 방법이 있지."

"그게 뭔데요?"

"한밤중에 선생님 댁에 전화를 걸어서 아무 말도 않고 끊어 버리는 거야."

물론 이 말은 농담이었겠죠. 이런 농담으로 학생의 마음이 풀렸다면 다행일 겁니다. 그런데 애초에 아무리 선생님이라도 학생이 인사를 안 했다는 이유로 학교에 나오지 말라고 할 권리는 없습니다.

"선생님이 취하신 방법에 수긍할 수 없다면 학교에 가서 선생님께 직접 얘길 해보는 게 어떠니? 부모님이 수업료를 내셨으니 나는 수업 받을 권리가 있습니다, 하고 말이야. 선생님과 얘기해 보고 그래도 문제가 해결되지 않으면 교장 선생님을 찾아가는 방법도 있으니까."

　그 학생은 다음 날부터 학교에 갔습니다.

　학교에 가지 않았던 학생의 목적은 선생님에 대한 복수였는데, 그 복수라는 목적도 사실 상위 목적에 포섭됩니다. 이 말의 의미는 다음 강연에서 생각해 보기로 하겠습니다.

　어떤 행위를 할 때는 그 행위의 목적이나 목표, 일반적으로 말해서 '가치'를 생각해 봐야 합니다. 인간에게는 자유의지가 있습니다. 그 의지에 따라 어떤 행위를 할 수도 있고 안 할 수도 있습니다. 자유의지를 인정하지 않으면 교육도, 육아도, 치료도 있을 수 없습니다. 사람은 바뀔 수 있다는 전제가 있기에 교육도, 치료도 가능한 것이니까요.

　어떤 행동을 할지 말지를 결정할 때, 사람은 반드시 가치판단을 합니다. 예를 들어 볼까요? 수업 시간에 딴생각에 푹 빠져 있거나 대놓고 자는 학생이 있다고 합시다. 솔직히 저는 그런 모습을 좋아하지 않기에 그 학생의 머리를 톡톡 두드려 깨워야겠다고 결정할 겁니다. 반면에 그런 모습을 너그럽게 이해하고 담담하게 수업을 진행할 수 있는 선생님이라면 그냥 내버려 두는 결정을 할 수도 있겠지요. 사람은 누구나 어떻게 대처하는 것이 자신에게 선(도움이 됨)인지 끊임없이 가치판단을 합니다. 눈앞으로 공이 날아오면 재빨리 몸을 피합니다. 도로를 달리다 빨간불이 켜지면 브레이크를 밟지요. 이같이 긴급 상황의 판단이라는 것도 있습니다.

가치 상대주의와 니힐리즘의 문제

오늘의 마지막 주제입니다. 가치를 전혀 인정하지 않는, 가치의 가장 중요하고 근본적인 의미조차 인정하지 않는 시대 또는 사회가 되면 어떤 문제가 발생할까요?

예를 들어 음식이 맛이 있다, 없다 또는 맵다, 안 맵다 하는 결정에는 각자의 주관이 인정되어도 상관없지만, 유해, 무해를 따짐에 있어서는 주관이 개입되어선 안 됩니다. 어떤 행위가 선인지 악인지, 자신을 위한 것인지 아닌지도 주관으로 결정할 수 없지요. 그러나 '절대적인 가치는 없다. 가치는 상대적이다'라고 생각해 버리면 니힐리즘(Nihilism)[7]에 빠지게 되는데, 이것이 바로 가치 상대주의[8]입니다. 그렇게 되면 어떤 문제가 벌어질까요? 미키 기요시는 다음과 같이 말합니다.

---

7 허무주의. 일체의 현상이나 사물은 존재하지 않고 인식되지도 않으며 아무런 가치도 지니지 아니한다고 주장하는 사상적 태도.
8 가치는 개개인의 감정, 의욕, 신념에 의존하는 상대적인 것이라는 주장.

"독재를 바라지 않는다면 허무주의를 극복하여 내면에서부터 다시 일어서지 않으면 안 된다. 그런데 오늘날 우리나라의 많은 인텔리겐치아(intelligentsia, 지식인)는 독재를 극단적으로 싫어하면서도 자기 자신은 도저히 니힐리즘에서 벗어나지 못하고 있다."(『인생론 노트』)

가치를 인정하지 않는 사회에서는 모든 일이 독재자가 바라는 대로 되고 맙니다. 이미 확고한 가치관이 있는 곳에 새로운 가치관을 주입하기는 쉽지 않지만, 없는 곳에 주입하기는 쉬우니까요. 그래서 가치 상대주의는 독재의 온상이 되는 것이죠. 이러한 사실은 미키(1987~1945)가 살았던 시대에만 국한되는 게 아니라, 지금도 적용됩니다.

생각할 줄 모르는 사람은 위정자의 입맛에 맞는 가치관을 주입당하기 쉽습니다. 그래서 고학력 청년이 사이비 종교에 빠져 세뇌를 당하고 살인을 저지르는 일도 벌어지는 것이죠. 어릴 때부터 공부만 하고 사회에서 일어나는 일에 무관심하게 자랐기 때문입니다. 오로지 자기 자신만 생각하는 엘리트는 해롭기만 할 따름이지요.

우리는 우리를 둘러싼 여러 사물과 사건에 관해 철저하고 꾸준하게 생각해 나가야 합니다. 그런데 실상은 '아무것도 모른다'는 것으로 끝날 것 같군요. 알고 있다고 생각하는 사람은 알지 못합니다. 아무것도 모릅니다. 아무것도 모른다는 사실을 아는 소크라테스의 원점으로 되돌아가야 합니다. 철학을 배우면 해답을 찾을 수 있지 않을까 싶겠지만, 답은 나오지 않습니다. 동전을 넣으면 딸그락하고 음료가 나오는 자동판매기와 같이 간단한 방법으로 원하는 것을 얻기란 불가능합니다.

하지만 철학을 배우면 생각하는 이치가 보이기 시작합니다. '어떤 식으로 생각하면 좋을까?'라는 이치는 그리스어로 '로고스(logos)'라고 합니다. '이성' 또는 '말'이라는 의미입니다. 그것을 이 강좌를 통해 배울 수 있으리라는 말씀을 끝으로 첫 번째 수업을 마치겠습니다. 감사합니다.

이치로와의 대화

Q 선생님은 아들러 심리학을 연구하셨는데, 프로이트나 융이 아니라 아들러를 선택하신 이유가 궁금합니다.

A 아들러 심리학은 '원인론'이 아니라 '목적론'이기 때문입니다. 저는 심리상담을 할 때 과거 얘기는 별로 묻지 않습니다. 과거의 경험이 지금 문제의 원인이라면 타임머신이라도 생기지 않는 이상 문제는 해결되지 않을 테니까요. 하지만 지금까지 어떤 힘든 인생을 살아온 사람이든 간에 앞으로의 인생은 바꿀 수 있습니다.

원인이 아니라 목적을 보는 시각은 문제 해결의 실마리가 되지요. 이것이 다른 심리학에는 없었기 때문에 아들러 심리학에 흥미가 생겼고 나아가 아들러 심리학을 연구하게 된 커다란 이유가 되었습니다.

오늘 강연 안에서는 설명을 드리지 못했습니다만, 아들러가 창시한 심리학을 '개인심리학'이라고 합니다. 여기서 '개인'은 일반적인 의미의 '사람 한 명'이 아니라, '바로 이 사람'이라는 뜻입니다. 똑같은 사람이 둘일 수는 없죠. 개인심리학은 다른 누구도 아닌 바로 '나', '개인'을 다루는 심리학이라는 의미이지요. 일반적인 다른 심리학은 재미있기는 했으나 저와는 맞지 않다고 생각했습니다. 이것이 아들러를 공부하게 된 두 번째 이유입니다.

세 번째 이유는 아들러 사상은 철학이므로 제대로 된 이론적 기초가 있다는 점입니다. 게다가 아들러가 사용하는 말은 친절하기까지 했지요. 아들러는 전문용어를 거의 사용하지 않습니다. 그런 점에서 소크라테스와 같죠. 다만, 말이 친절하다고 해서 문제가 되는 내용까지 쉬운 것은 아닙니다. 그래도 전문용어를 별로 사용하지 않아 누구나 배울 수 있다는 점에서 아들러 심리학은 'psychology for the of us.(우리 모두를 위한 심리학)'라고 할 수 있습니다.

Q 자신의 생각이 옳다고 단정해서는 안 된다는 말씀은 이해했습니다. 그렇다면 절대적인 선악도 없는 건가요?

A 아들러는 "우리에게는 절대적인 가치가 부족하다."라고 말했습니다. 여기서 절대적인 가치가 부족하다는 말, 즉 '가지고 있지 않다'라는 말은 그것이 '없다'는 의미와는 다릅니다. 그러므로 선악

을 끊임없이 검증하는 것이 바로 철학의 정신이라고 할 수 있겠습니다. 그 결과 절대적인 선에 도달할 수 있을지 없을지는 알 수 없습니다. 알 수 없는데도 도달했다고 생각해 버리는 것이 위험하죠. 이것이 바로 소크라테스가 말하는 '무지의 자각'입니다. 무지는 절대적인 지(知)를 전제로 합니다. 아무것도 모른다는 것을 알기 위해서는 정말로 알고 있지 않으면 안 되는 것이죠.

Q 선생님께 기존의 개념이나 상식을 의심하고 생각하는 것과 행복은 어떤 의미인가요?

A 여러 가지를 의심하기 시작하면 보지 않아도 좋았을 현실이 보이기 시작하므로 사는 것이 괴로워집니다. 아무런 생각도 안 하고 현실을 모른 채로 사는 편이 행복하게 느껴질지도 모르지요.

하지만 새가 높이 날아오르기 위해서는 바람이라는 공기 저항이 없으면 안 되듯이(진공 상태에서는 새가 날 수 없으니까요) 고통도 우리가 살아가는 데 필요한 것입니다. 그런 생각을 하게 되면 사는 것이 힘들어도 삶에는 가치가 있으며 그것이 우리의 행복으로 이어진다고 생각할 수 있게 됩니다.

A '대화'를 그리스어로 '디아로고스(dialogos)'라고 합니다. '말(logos)을 주고받다(dia)'라는 의미죠. 설령 결론에 도달하지 못해도 A라는 사고방식에 반대하거나 용납되지 않는 사고방식 B를 부딪쳐서 그 결과 A도, B도 아닌 C라는 생각에 도달하는 것이 바로 대화입니다. 비록 C에 도달하지 못하더라도 자신의 생각과는 또 다른 생각이 있음을 알게 되면 대화하기 전과 후가 더는 같을 수 없겠지요.

A 저는 13년 전에 심근경색으로 쓰러진 적이 있습니다. 그때만큼 제자신의 생명에 관해서 깊이 생각해 본 적도 없지요. 입원 중에는 밤에 잠이 오지 않아 의사 선생님께 수면 유도제를 처방받았는데, 약을 먹으면 바로 잠이 들어서 좋기는 했지만, 두 번 다시 눈을 못 뜨는 건 아닐까 하는 생각에 무섭기도 했습니다. 아프기 전에는 아침이 되면 잠에서 깨어 눈을 뜨는 것이 당연했는데, 병석에 누워 있으니 내일이 오는 게 결코 자명한 일이 아니라는 생각이 들었지요.

생명이 무엇인지 그런 식으로 의식을 했더니 아침에 눈을 뜨는 것이 얼마나 감사한 일인지 새삼 깨닫게 되었고, 그 후로 정신적 안정을 찾을 수 있었습니다. 그러다 마침내 아침에 눈을 뜨면 오늘하루 뭔가 할 일이 남아 있다는 생각을 하게 되었어요. 그렇게 하루하루 삶을 의식하며 오감으로 느끼면서 생활하다 보니 제 자신이 살아있는 것만으로도 가치가 있다는 생각이 들더군요. 게다가제가 할 수 있는 일이 있다면 타인에게 공헌하고 싶다는 생각도 하게 되었습니다.

그 후 무슨 일이 벌어졌을까요? 일과를 마친 후 또는 비번인 날에제 병실을 찾아오는 간호사분들을 대상으로 상담을 하게 되었습니다. 환자이면서 심리상담사가 된 거죠.

고대 그리스인들은 '인간의 가장 큰 행복은 애당초 태어나지 않는것'이라고 생각했습니다. 사는 게 힘들고 괴롭다는 생각을 했던 사람이라면 수긍할지도 모르겠네요. 그리고 그다음의 행복은 '일단태어났으면 되도록 빨리 죽는 것'이라고 생각했다는데, 저는 동의하고 싶지는 않네요. 힘들어도 살아야 합니다. 고통을 느끼는 것도살아있으니 가능한 일이니까요. 힘들고 괴로울지라도 살아가는 것은 고귀한 일입니다.

살다 보면 싫은 일도 괴로운 일도 있게 마련이죠. 그래도 "아~, 살아서 다행이다!" 하고 생각하는 것, 저에게 생명이란 그런 것입니다.

A 강연을 통해서도 말씀드렸듯이 굳이 대학을 통하지 않아도 철학을 배울 수 있습니다. 공부를 할 수 있다는 것은 정말 소중한 일입니다. 지금의 저는 경쟁하지 않아도 되는 것이 감사하기만 한데, 젊은 사람들도 경쟁이나 성적과 관계없이 얼마든지 공부할 수 있다고 생각합니다.

꼭 철학이 아니라, 외국어를 배워도 좋습니다. 저는 예순이 되어서 한국어 공부를 시작했습니다. 중국어도 배우고 있고요. 그전까지는 그리스어나 라틴어 같은 서양 언어만 공부해 왔는데, 한국에서 강연할 기회가 많아지니 인사말 정도로 끝내는 게 아쉽고 좀 더 길게 말하고 싶어지더군요.

한국어 공부는 회화가 아닌 한국문학을 통해 접근했습니다. 문법을 한 차례 배운 후 바로 한국 작가의 책을 한국인 선생님과 함께 읽어 나갔죠. 시험을 봐서 자격증을 따기 위한 공부가 아니라, 오늘 이 한 문장을 읽어 냈다고 하는 그런 기쁨을 축적해 가는 독서였습니다.

철학서도 같은 방식으로 읽었습니다. 데카르트의 『방법서설』의 경우도 그랬죠. 대학 2학년 때 프랑스어를 배우기 시작한 지 얼마 되지 않아 그 책을 읽기 시작했는데, 전문용어는 거의 없었지만 라틴어와 같이 복잡한 구문으로 쓰여 있어서 쉽지는 않았습니다. 가끔 선생님께 도움을 받아 볼까 싶어 질문을 하면 "스스로 생각해라."라는 말만 되돌아왔지요.

그래도 어쨌든 한 문장이라도 읽어 내면 기쁘게 마련이잖아요. 어학뿐 아니라, 어떤 공부를 하든 간에 그런 기쁨은 힘들고 괴로운 인생을 위로해 주는 즐거움이 되기도 합니다. 지금까지 생각해 보지 않았던 것들을 조금씩 곱씹으면서 한 문장, 한 문장 읽어 나가는 기쁨을 느껴 보시면 좋을 것 같습니다.

Q 서두에서 철학은 구체적으로 생각하여 상상력이 발휘되도록 하는 것이라는 말씀을 하셨고, 다른 한편으로 경험법칙만으로는 배울 수 없다는 얘기도 있었습니다만, 사람은 곤경에 처했을 때 지금까지의 경험을 기준으로 어떻게 대처할지를 결정한다고 생각합니다. 그럴 때 철학을 어떻게 활용하면 좋을까요?

A 괴로운 일에서 벗어나려고 책을 읽거나 다른 사람의 얘기를 듣는 경우가 있습니다. 그때는 자신만의 생각을 가지고 있지 않으므로 누구로부터 무슨 말을 듣든 '그렇구나' 하고 생각하게 됩니다.

하지만 그럴 때일수록 자신이 옳다고 생각한 사고방식을 의심하는 자세가 중요합니다. 유일하고 절대적인 방법이라는 판단을 내리기 전에 사실인지 아닌지 가늠해 보는 시간이 필수입니다.

경험법칙을 통해 얻은 깨달음이나 배움은 틀렸다고 인정하기가 쉽지 않습니다. 인생도 마찬가지입니다. 한 번 시작한 일을 도중에 그만두고 다른 일을 시작하기는 어렵지요. 그동안 들인 시간, 에너지, 돈을 생각하면 새로운 인생을 다시 시작하는 데는 용기가 필요합니다. 자신의 인생을 살고 있는 게 아닐지도 모른다는 생각이 들 때는 과감히 다른 인생에 발을 들여놓을 용기를 내야 합니다. 또 그런 결단을 내릴 수 있으려면 자신을 객관적으로 바라볼 수 있는 시각이 있어야 하고요. 저는 그것을 가능하게 하는 것이 철학이라고 생각하고 있습니다.

서두에서 어머니를 간병하던 때의 얘기를 했습니다만, 만일 제가 그때 철학을 몰랐다면 불행의 소용돌이 속에서 허우적거리며 그저 괴로워만 했을지도 모릅니다. 철학을 배우고 있었던 덕분에 서서히 죽음을 향해 가고 있는 어머니의 병상을 지키면서도 이런 경험은 원한다고 해서 할 수 있는 것이 아니라는 생각을 할 수 있었지요. "이럴 때 도움이 되는 게 철학이라네."라는 교수님의 말씀도 이해하게 되었습니다.

철학은 "왜 나에게만 이런 시련을 주느냐?"며 자신만 힘든 현실에 처했다고 생각하는 사람의 불평을 멈추게 하는 힘을 가지고 있다고 생각합니다.

제 병이 나은 지 얼마 되지 않았을 때, 아버지가 치매를 앓고 계시다는 사실을 알았습니다. 만일 제가 지금처럼 바삐 지냈다면 아버지를 돌봐드리기가 어려웠을 테지만, 퇴원한 직후였던 저는 집에서 아버지를 모시며 지낼 수 있었습니다. 그것도 운명이었나 봅니다. 아버지 생의 마지막 시기를 매일 함께 보낼 수 있었던 것도 어찌 보면 행복한 일이었습니다.

철학을 배우면, 목표를 향한 질주 속에서도 때때로 멈춰 설 줄 아는 용기, 이미 시작한 일도 그만둘 줄 아는 용기를 분명 가질 수 있으리라고 생각합니다.

두 번째 수업 ─────────────────────────

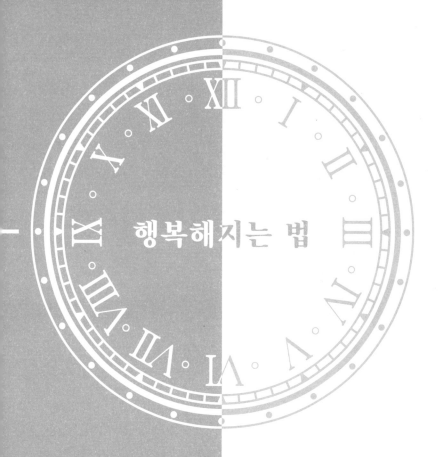

행복해지는 법

———————————— 원인론에서 목적론으로

인간에 관해 생각할 때, 등 뒤에서 작용하는 힘을 생각하는 것이 '원인론'입니다. 등 뒤에서 작용하는 힘이라는 것은 감정이 자신을 떠미는 순간을 떠올리면 쉽게 알 수 있습니다. 이를테면 '나도 모르게 그만 발끈해서'라는 표현에서도 짐작할 수 있듯이, 분노라는 감정에 떠밀린 것 같은 그런 느낌 말이지요. 또는 과거의 여러 가지 경험, 즉 지금 현재 사는 것이 힘들거나 대인관계가 원만하지 않은 이유가 과거에 경험한 어떤 사건 때문이라고 생각하는 태도이죠.

반면에 이번 강연에서 고찰할 '목적론'은 사람이 어디로 향하는지를 생각합니다. 물론 등 뒤에서 작용하는 힘도 존재하기는 합니다. 과거에 경험했던 일이 지금 인생에 전혀 영향을 미치지 않을 수는 없으니까요. 그 힘의 영향에 따라 우리의 삶의 방식이 좌우되기도 합니다. 자신의 의지와는 상관없이 겪었던 사고나 재해 등의 경험은 현재 자신의 삶에 당연히 영향을 미치게 마련인데, 그렇다고 해도 그러한 것들로 인해 인생의 방향이 결정되는 것은 아닙니다. 누구나 어디를 향해 나아갈 것이냐 하는 목적 또는 목표는 얼마든지 세울 수 있습니다.

다만 뭔가를 하려고 해도 손이 묶여 있으면 손을 쓸 수 없듯이 과거의 경험이 행동의 제약이 될 수는 있겠죠. 하지만 설령 이 같은 행동의 제약이 있다고 해도 그로 인해 방향이 정해지는 것은 아니므로, 목표 또는 목적을 세워 앞으로 나아갈 수 있습니다. 이렇게 생각하는 것이 목적론입니다.

현대 뇌과학에서는 자신이 어떤 행동을 선택하는 것이 아니라, 그 행동이 무의식중에 선택되며, 의식은 그 선택을 인정할 뿐이라고 보고 있습니다. 실제로는 자기 자신이 아닌 뇌가 어떠한 행동을 선택한 것인데, 나중에 자신이 선택한 것이라고 착각한다는 말입니다.

그러나 이 견해도 인간의 행동을 향한 하나의 관점에 지나지 않습니다. 애초에 인간에게 자유의지가 없다면 책임을 질 일도 없는 것이죠. 분필은 손에서 놓아 버리면 반드시 아래로 떨어지지만, 우리 인간은 다른 행동, 다른 모습을 취할 수 있습니다. 가령 인간은 공복 상태라고 해도 자신이 가진 빵을 더 필요한 사람에게 내미는 결심을 할 수 있지요. 이런 결정이 가능한 이유는 그 행동이 자신에게 득(得)이라는 판단 때문입니다.

지난 강연에서는 방금 말씀드린 '득'이 '선'이라는 의미임을 설명했습니다. 이 '선'이 바로 '행복'이라는 것이 오늘의 주제입니다.

"누구 하나 악을 원하는 자는 없다."라고 하는 '소크라테스의 역설'이라 불리는 명제가 있습니다. 이것이 역설(逆說)[1]이라고 말해지는 이유는 악을 원하는 사람도 있을 것이라는 생각 때문입니다.

요즘 신문 기사나 인터넷을 보다 보면, "정치를 한다는 사람들이 온갖 나쁜 짓은 다 하는구나!", "무능한 정치인의 뒤치다꺼리나 하고 가짜 뉴스나 퍼뜨리면서 불의를 일삼는 공직자라니~!", "자신이 하는 일이 옳지 않다는 걸 알면서도 어쩔 수 없다는 핑계를 대며 부정행위를 저지르니 한심하기 짝이 없다." 등등, 여러 가지 생각이 들죠.

그런데 지난 강연에서 설명한 바와 같이, 악은 '도움이 되지 않는다', '득이 되지 않는다'라는 의미이며, 반대로 선은 '도움이 된다', '득이 된다'라는 뜻임을 이해하고, 소크라테스의 역설을 다시 읽어 보면 다른 의미가 읽힙니다. "누구 하나 악을 원하는 자는 없다."라는 말은 '어느 누구도 자신에게 도움이 안 되는 일은 하지 않는다', 뒤집어 말하면 '자신에게 득이 되는 일만 한다'라는 의미가 되지요. 이것은 어찌 보면 당연한 얘기입니다.

---

1 패러독스(Paradox). 일반적으로는 모순을 야기하지 아니하나 특정한 경우에 논리적 모순을 일으키는 논증. 모순을 일으키기는 하지만 그 속에 중요한 진리가 함축되어 있는 것으로 간주함.

그러므로 공직자가 자신의 행위가 옳지 않음을 알면서도 잘못을 저지르는 까닭은 그 행위가 자신에게는 '선'이라고 판단했기 때문입니다. 그래서 거짓말을 늘어놓는 것이지요. 좋은 평판을 잃더라도 결국 승진하고 높은 자리로 올라갈 수 있다면 자신에게는 거짓말하는 것이 선(특), 즉 부정행위야말로 선이라고 판단해서 부정을 선택한 것입니다.

플라톤은 선을 제대로 안다면 아무도 불의를 저지르지 않을 것이라고 생각했습니다. 플라톤의 『크리톤』이라는 대화편에 이런 말이 나옵니다. "소중히 여겨야 할 것은 그저 사는 것이 아니라 잘 사는 것이다." 소크라테스가 한 말이지요.

'잘(올바로) 산다'는 것은 자신에게 '도움이 되는 삶의 방식을 취한다'는 뜻입니다. 어떻게 사는 것이 본인에게 '선'일지를 생각하며 살아야 한다는 얘기죠. 플라톤은 이 '선'을 '도움이 된다'는 의미로 사용하고 '악'은 반대로 '도움이 되지 않는다' 또는 '해를 입다'라는 표현으로 바꿔 말합니다. 나아가 '불행해진다'라는 말로 치환하지요. 어느 누구도 해를 입는 걸 바라지 않을 테고, 곤경에 처하는 걸 원치 않을 텐데, 그런 의미에서 "그 누구도 스스로 불행해지기를 원치 않는다."라는 것은 뒤집어 말해 '누구나 행복해지기를 바란다'는 의미가 됩니다. '잘 산다'는 것은 다시 말해 '행복하게 산다'라는 의미라고 할 수 있습니다.

'소중히 여겨야 할 것은 그저 사는 것이 아니다. 행복하게 사는 것이다. 아무도 불행을 바라지는 않을 테니.' 이것은 당연한 얘기로 보이지만, '~여야(해야) 한다'라는 표현은 바꿔 말하면 '~하지 않으면 안 된다'라는 말입니다. 즉 '소중히 여기지 않으면 그저 사는 것으로는 행복하게 살 수 없다'는 얘기입니다.

그저 사는 것은 행복하게 사는 것이 아니므로, 어떻게 사는 것이 자신에게 득이 되는지, 또 행복인지를 생각해야 합니다. 하지만 우리는 이처럼 행복을 목표로 삼고 있지만, 정작 무엇이 행복인지는 알지 못하는 상황에 처해 있습니다. 행복해지고 싶다고 생각해도 무엇이 행복인지 자명하지 않습니다. 불행해지고자 하는 사람은 아무도 없지요. 플라톤은 그런 전제하에 이야기하고 있으며, 우리 역시도 불행해지고 싶다는 생각은 하지 않습니다. 그럼에도 불행한 사람이 있는 이유는 행복해지기 위한 수단을 잘못 선택하고 있기 때문입니다.

그렇기에 더더욱 우리가 소중히 여겨야 할 것은 '잘(올바로) 사는' 것이라는 말입니다만, '잘 살기' 위해서 또는 '행복하게 살기' 위해서는 어떻게 하면 좋을지를 알아야 합니다.

플라톤이 생각하는 행복은 '행복감'과는 다릅니다. 술에 몹시 취한 사람이나 각성제 또는 마약을 한 사람은 그 순간 행복감으로 채워지겠죠. 하지만 술이 깨거나 약효가 사라지면 고양감도 함께 사라집니다.

술이나 약 말고도 듣기 좋은 말 또는 슬로건, 예를 들어 동일본 대지진 이후 빈번히 사용되었던 '유대감'과 같은 말은 듣기에 참 좋습니다. 정서적으로 호소하는 힘이 있죠.

올림픽의 최대 효용은 국위선양(國威宣揚)이라고 말하는 사람이 있습니다만, 이는 올림픽 헌장에 위배되는 말입니다. 올림픽 헌장은 '정치적, 종교적 혹은 인종적 선전 행위'를 금지하고 있으니까요. 온 국민이 하나가 되어 올림픽을 위해 전력을 다한다면 날아갈 것 같은 기분에 휩싸여 행복감을 가질 수 있을지 모르겠으나 그런 것과 행복은 전혀 다른 것입니다.

일체감을 주입하려는 풍조는 매우 위험합니다. 감성과 행복을 연결하여 생각하는 태도는 잘못되었다고 생각합니다. 감성에 호소하는 것은 반주지주의(反主知主義)[2]입니다. 행복은 어디까지나 주지주

---

2 합리성의 가치를 거의 절대시해 온 서양의 전통적 주지주의에 대한 반작용으로 나타난 정신으로, 지성보다는 감성에 더 높은 가치를 둠.

의(主知主義)[3]적인 것으로서 무엇이 행복인지를 아는 것에서 출발합니다.

이에 관해서 미키 기요시는 감성적인 것에 호소하는 반주지주의적인 사상이 행복론을 말살하고 있다고 말했습니다. 미키가 살았던 시대에는 국수주의적 풍조가 만연했습니다. 행복이 감성적인 것, 전체주의적인 것으로 여겨지던 가운데 개인적인 행복은 말살되었지요.

플라톤만으로는 알 수 없었던 행복

행복에 관한 이야기는 플라톤의 대화편에도 나옵니다. 그런데 오랫동안 플라톤을 연구해 왔음에도 불구하고 저는 만족할 수 없었습니다. 행복의 내실(내적 가치)에 관해서는 아무런 언급이 없었기 때문입니다. 마침 그때 아들러와 미키 기요시의 저작을 접하면서 뜻밖에도 행복이 무엇인지를 상당히 구체적으로 알게 되었습니다.

제가 '행복이란 무엇인가?'를 생각하기 시작한 계기는 지난 강연에서도 말씀드렸듯이 어머니의 투병 생활과 죽음이었습니다. 몸도

---

3 지성 또는 이성이 의지나 감정보다도 우위에 있다고 생각하는 철학상의 입장.

못 움직이고 의식을 잃어도 사람은 행복하게 살 수 있을까를 어머니의 병상을 지킨 석 달 내내 생각했지요.

돈이 많다고 행복한 것은 아닌 듯합니다. 돈과는 인연이 없는 인생을 살 거라고 예상하면서도 명예는 얻고 싶었죠. 대학 교수가 되고 싶었거든요. 그런데 명예 또한 몸도 못 움직이고 의식도 없어지면 의미가 없는 일이 아닐까 하는 결론에 이르게 됩니다.

어머니는 결국 돌아가셨고, 어머니의 시신을 집으로 모셔 왔을 때, 저는 제 인생 앞에 깔린 레일에서 크게 탈선한 것만 같았습니다. 반년 정도 후에 대학으로 돌아갔지만, 이전과는 많이 달라졌지요. 예전처럼 공부를 해도 집중을 못 한다기보다 배워야 할 게 달리 있는 것만 같았는데 그때가 스물다섯 무렵이었습니다.

이후 답답함이 풀리지 않는, 뭔가 찜찜한 상태로 나이를 먹고 아들러와 미키 기요시의 사상을 공부하면서 마침내 행복에 관해 구체적으로 생각하게 되었습니다.

行복은 존재 그 자체

먼저 행복은 성공을 뜻하는 것이 아닙니다. 미키는 자신의 저서 『인생론 노트』를 통해 행복과 성공을 대조적으로 설명하고 있습니다만, 엄밀히 말하면 행복은 궁극적인 것이고 성공은 행복을 위한 수단에 불과합니다. 행복과 성공의 차이에 관한 미키의 주장을 읽어 보면 행복이 어떤 것인지 보이기 시작합니다. 미키는 "행복은 존재, 성공은 과정"에 관한 것이라고 말합니다. 이 두 가지를 나란히 놓고 생각하면 그 의미를 알 수 있습니다.

지금의 시대는 모두가 성공만을 바라는 것처럼 보입니다. 그런데 성공하면 정말로 행복해질 수 있는지는 자명하지 않습니다. '성공은 과정'이라는 말의 의미는 대학에 합격하고 취직하는 등의 과정을 거치지 않으면 성공하지 못한다는 얘기가 됩니다. 좀 더 설명을 붙이자면 어떠한 목표를 달성하기까지의 인생은 거짓 인생이며 준비 기간일 뿐이고, 미래에는 가짜가 아닌 진짜 인생이 기다리고 있다고 생각해 버린다는 말이지요. 정말 그럴까요?

한편, '행복은 존재'라는 말은 '행복해지는 것'이 아니라 '행복하다는 것'을 뜻합니다. 어떤 목표를 달성하지 않아도 '지금 여기'에 이미 '행복 그 자체로 존재한다'는 말이지요.

행복에 '진보'라는 개념은 없습니다. 그렇기에 '더욱' 행복해지는 일은 없는 것이죠. 예전이나 지금이나 또 미래가 되어도 우리는 계속 행복한 것이지, 행복이 진보하거나 퇴보하는 일은 없으며, 예전만큼 행복하지 않게 되는 일도 없음을 미키는 '행복은 존재'라는 표현을 통해 설명하고자 했습니다.

또 하나의 의미는 '진정한 행복' 그것에만 의미가 있다는 말입니다. 남들 보기에 자신이 행복해 보여도 정말로 행복한 게 아니면 의미가 없습니다.

행복은 독자적인 것

남들 눈에 아무리 행복해 보여도 실제로 행복한 게 아니면 의미가 없다는 것을 미키는 다음과 같은 말로 설명합니다.

"행복은 독자적인 것이다."

어떤 사람의 행복이 타인에게는 이해되지 않는 경우가 있는데, 그 이유는 행복은 성공처럼 '일반적인 것'이 아니기 때문입니다.

자식에게 자신의 일을 물려받게 하고 싶은데 자식이 그걸 거부하면 부모나 주변 사람은 이해를 못 하겠다며 실망하죠. 게다가 다른 걸 해봤자 성공하지 못할 게 뻔하다 싶으면 자식이 마음을 고쳐먹도록 강요합니다.

그에 반해서 성공은 일반적인 개념으로서 성공을 지향하지 않는 사람은 없다고 해도 좋습니다. 미키는 출세 지향적인 사람은 다루기 쉽다고 말합니다. 출세하고자 하는 사람에게 넌지시 승진 얘기를 꺼내 두면 그는 상사나 조직의 꼭두각시가 되어 시키면 시키는 대로, 하라면 하라는 대로 거짓말도 서슴없이 하게 되지요.

성공을 지향하는 사람은 '개인'을 드러내서는 안 된다고 생각합니다. 구직활동을 할 때, 누구나가 비슷비슷한 옷차림으로 면접을 보듯이 말입니다. 또, 컴퓨터 활용에 능숙하기라도 하면 자신이 '인재'임을 내세우며 잘 보이려고 하죠. 인재라는 단어는 우수한 사람을 뜻하는 정도의 말로 원래는 부정적인 의미가 없었습니다만, 지금은 마치 하나의 상품처럼 다른 사람을 대신할 수 있는 능력이 충분히 있는 사람(=인재)이라는 의미로서 자신을 어필할 때 쓰이는 것 같습니다. 이런 일들이 벌어지는 이유는 기업이 젊은이들에게 '이상적인 인재상'을 강요하며 일반적인 사람을 원하기 때문입니다.

그런 가운데도 양식(良識) 있는 젊은이는 "정말 이대로 괜찮은 것일까?" 하고 멈춰 섭니다. 일전에 어느 청년과 얘기를 나눈 적이 있습니다. 입사 후 얼마 안 되어 회사를 그만뒀다고 하더군요. 세상이 말하는 일류 기업이라는 곳에 취직한 청년을 성공했다고 여긴 사람도 많았을 텐데요. 그만둔 이유를 물었더니 바로 대답을 하더군요. 첫째는 회사에서 무조건 나가서 고객을 찾아오라며 신규 개척영업[4]을 시켰는데 계약을 충분히 따내지 못했다고 합니다.

청년은 우수한 사람이었으므로 그전까지 자신의 인생에서 한 번도 좌절감을 맛본 적이 없었을 겁니다. 그때 처음으로 좌절을 경험

---

4 일본어 토비코미 영업(飛び込み営業)은 사전에 아무런 약속 없이 무조건 들이닥쳐서 하는 영업을 말한다.

했던 거죠. 하지만 퇴직을 결심한 진짜 이유는 선배나 상사를 봐도 전혀 행복해 보이지 않아서였다고 합니다.

청년이 퇴직을 결심하기까지 쉽지는 않았겠죠. 어쩌면 이대로 이 회사에 다니다가는 "서른 즈음에 집을 사고, 마흔 즈음에 무덤에 들어간다."라는 요즘 말이 자신의 미래가 될지도 모른다고 생각했을지도요. 저는 청년에게 잠시 멈춰 서서 성공하는 것이 인생의 진정한 행복인지를 생각해 보기를 권했습니다. 여러분도 한 번쯤 생각해 보시길 바랍니다.

성공은 양적, 행복은 질적

미키 기요시는 성공은 양적인 데 반해 행복은 질적이라고 말했습니다. 저의 저작 중 하나인 『미움받을 용기』는 밀리언셀러가 되었습니다만, 제게 중요한 것은 양적인 성공이 아니라 질적인 행복입니다. 몇 권 팔렸느냐보다 필요로 하는 사람들에게 전해졌다고 하는 실감이 저에게는 양으로는 따질 수 없는 질적인 행복인 셈이죠.

질적이라는 측면에서 하나 더 예를 들면 '미(美)'도 질적인 개념입니다. 미를 양적인 것으로 보는 사람은 예쁜 여배우를 보고 자신도 그렇게 되고 싶은 마음에 무슨 화장품을 쓰는지, 어떤 다이어트를 하는지 조사하고 똑같이 따라 하면 자기도 예뻐지겠지 생각합니다.

하지만 아름다움은 양적인 개념이 아닙니다. 나이를 먹었다고 해서 아름다움이 사라지지는 않으며, 나이를 먹어서 비로소 아름다워지는 경우도 있습니다. 그런 사람의 아름다움은 양적인 것이 아니라 어느 누구도 흉내낼 수 없는 질적인 것이지요. 행복은 독자적이며 더불어 질적인 개념이므로 따라 할 수 있는 게 아니라고 생각합니다.

개성과 질서의 문제

지금의 세상은 개성을 원하지 않습니다. 때로 혼자서 다른 것을 하는 사람은 뭇매를 맞기도 하는데, 저는 그래서는 안 된다고 생각합니다. 미키가 살았던 시대에는 개인의 행복을 생각해선 안 된다고 하는 사회적 풍조가 있었습니다. 그런데 사실은 지금도 마찬가지인 것 같습니다. 본래 개인이 행복을 추구하는 일은 당연하고, 더욱 개성을 뽐내며 살아도 됩니다. 그런데 그렇게 사는 방식을 사회는 원하지 않습니다. 사회는 질서를 강조하죠. 질서가 중요하다고 가르치는 이유는 사회 구성원 모두가 각자의 판단에 따라 움직이게 되면 곤란하기 때문입니다.

질서가 가장 필요한 때는 전시입니다. 전쟁 시에는 질서를 강요받게 됩니다. 과거 전쟁 당시 사용되었던 소집영장을 속된 말로 '빨간 딱지'라고 불렀는데, 그 통지 엽서의 가격이 1전 5리였습니다. 지금의 화폐 가치로 따지면 100엔[5] 정도죠. 그 빨간 딱지 한 통으로 징집된 병사의 목숨값이 포탄값보다 못했습니다. 그래서 전쟁에서 지면 또 징집하여 병사를 추가 투입했죠. 이런 군대의 세계에서 개성은 필요가 없습니다. 항상 대체 가능한 자원으로서의 병사가 요구될 뿐입니다.

요즘도 스스로 판단하고 행동하는 아이들을 못마땅하게 여기는 어른들이 많습니다. 저는 오히려 아이가 스스로 판단하는 것이 바람직하다고 생각합니다.

질서를 강요하는 측은 상대방을 야단칩니다. 교사는 학생을, 부모는 자녀를 꾸짖지요. 가장 큰 문제는 야단맞은 아이가 개성을 잃고 창의적인 사고를 못 하게 된다는 점입니다. 이런 환경에서는 괜한 짓을 했다가 어른이나 주변 사람에게 야단맞을 바에는 스스로 판단해서 움직이기보다 시키는 것만 하자고 생각하는 사람이 나타나게 마련이지요.

지금의 공직자들이 그렇습니다. 뻔히 다 보이는 거짓말을 해놓고도 책임을 지지 않습니다. 위에서 시키는 대로 했을 뿐이라고 하면

---

5 한화 1,050원 정도의 가치.

자신의 잘못이 무마되리라 생각합니다. 하지만 위에서 시키는 대로 하겠다고 결정한 시점에서, 그것이 '선'이라고 판단한 책임이 발생합니다. 그런데 나중이 되어서 자신이 내린 판단이 잘못된 것이었음이 밝혀졌을 때, "사실 그때 나는 그럴 생각이 아니었다."라며 발뺌하다니요. 솔직히 말해서 비겁하고 뻔뻔한 태도가 아닐 수 없습니다. 이 이야기는 비단 정계의 이야기만은 아닙니다.

"부모님이 반대해도 나는 내 인생을 살겠다.", "나는 성공한 사람이 되지 않아도 그만이다.", "행복한 인생을 살겠다."와 같은 말을 할 수 있는 젊은이를 키워 나가는 것이 부모를 포함해 교육자가 할 일입니다.

그래서 저는 '야단치는' 행위의 가장 큰 문제점은 창의적인 사고를 못 하게 만드는 점이라고 생각합니다. 앞 강연에서 잠깐 언급했던 스티브 잡스는 1984년에 이미 누구나가 다 아이폰의 원형이라고 알고 있는 디자인을 구상했습니다. 일반적으로 그런 걸 상사에게 보여 줬다간 "이걸 실용화할 수 있을 것 같으냐?"라며 야단맞을 겁니다. 흔히 그런 식으로 젊은이들의 창의적인 발상을 막아 버리고는 하죠.

하지만 연장자보다는 젊은이의 지성이나 감성이 절대적으로 우수합니다. 연장자가 해야 할 일은 젊은이의 방해가 되지 않도록 하는 일뿐입니다. 젊은이들의 참신한 발상을 실용화할 수 없다는 등의 말로 깔아뭉개거나 해서는 안 된다는 말입니다. 때로는 젊은 친구들의 도전이 실패로 돌아가기도 합니다. 그 책임은 오롯이 상사나 어른에게 돌아가지요. 때문에 자신만의 창의적인 사고로 움직일 수 있는, 그렇게 살아갈 수 있는 사람을 키워 나가는 일은 연장자의 몫임을 기억해야 합니다.

『미움받을 용기』라는 책의 제목이 자칫 오해를 불러일으킬 수도 있을 것 같은데, 이것은 남에게 미움을 받으라는 말이 아니라, '남에게 미움받는 것을 두려워하지 마라'라는 의미입니다. 남이 어떻게 생각하든 옳은 말을 하고 옳은 행동을 해야 합니다. 상사는 부하 직원을 억압하려 하지 말고 옳은 말과 옳은 행동을 할 수 있도록 지원해야 하지요. 사실을 말했다가 좌천되지는 않을까 걱정하며 옳은 행동을 하지 않고, 해야 할 말을 하지 않고, 해야 할 일을 하지 않아서는 안 됩니다.

아들러는 "인정받으려는 노력이 우세해지는 순간 정신적인 긴장감이 커진다. 그로 인해 행동의 자유는 심각하게 제한된다."라고 말했습니다(『아들러의 인간이해(Menschenkenntnis)』). 실제로 남의 안색을 살피고 평판이나 명예에 신경을 쓰게 되면 해야 할 말을 못 하게 됩니다.

이번 강연 마지막 주제로 하나만 더 말씀드리겠습니다. 미키 기요시는 "행복은 인격적인 것이다."라고 했는데, 그의 주장은 다음과 같습니다.

"행복은 인격이다. 외투를 벗어던지듯 언제든 홀가분하게 다른 행복을 벗어던질 수 있는 사람이 가장 행복한 사람이다."(『인생론 노트』)

일반적으로 행복으로 간주되는 것이 '성공'입니다. 그 성공이라는 것을, 외투를 벗어던지듯 홀가분하게 벗어던질 수 있는 사람이 진짜 행복한 사람이라는 의미입니다. 우리가 쉽게 그것을 벗어던지지 못하는 이유는 남이 어떻게 생각할까를 신경 쓰고, 또 남이 기대하는, 즉 '성공한' 인생을 살아야 한다고 생각하기 때문이지요. 그런 사람은 지금 입고 있는 외투를 마음 편히 벗어던지지 못하는데, 그것을 벗어던질 수 있는 사람이야말로 행복한 사람이라고 미키는 말하고 있습니다.

"그러나 진정한 행복은 누구도 그것을 버리지 않고 버릴 수도 없다."

진정한 행복은 벗어던질 수 없습니다. 저는 심근경색으로 쓰러지면서 일도, 신체의 자유도 잃었었습니다. 돈, 사회적 지위, 명예 같은 것은 외투를 벗듯 벗어던질 수 있지만 진정한 행복은 벗어던질 수가 없습니다. 버릴 수가 없는 것이지요. '행복은 그 자신의 생명과도 같기' 때문이며, '그 자신의 행복은 그의 생명과 마찬가지로 그 자신의 일부'이기 때문입니다. 그러므로 진정한 행복은 무슨 일이 있어도 벗어던질 수 없는 것이죠.

"이 행복으로 어떠한 곤란과도 맞설 수 있으며, 행복을 무기로 싸우는 자만이 쓰러지는 한이 있어도 행복하다."

행복은 무기입니다. 우리는 과연 행복이라는 무기를 가지고 있을까요? 진정한 행복은 여러 가지를 잃더라도 버리고 떠날 수 없는 생명과 마찬가지입니다. 그런 행복이 도대체 어떤 것인지를 생각해 봐야 합니다.

미키는 괴테의 시 「서동시집」를 인용하고 있습니다.

"자기 자신을 잃지 않는다면 그 어떤 삶이라도 영위할 수 있다. 모든 것을 다 잃어도 좋다. 나 자신으로 머물러 있을 수만 있다면."

대개 인간은 어려서부터 '이렇게 되어라'라는 이상적 모습을 강요받으며 살아갑니다. 그래서 있는 그대로의 자신이 아닌 '특별히 좋은 모습'을 요구하는 어른들의 기대에 부응하고자 애를 씁니다. 다행이랄지 불행이랄지 성적이 좋으면 상급 학교에 진학하고 마침내 대학에도 들어가겠지요. 그런데 그것이 자기 자신으로서 살아가는 삶이라고 할 수 있을까요?

일찌감치 현실의 벽에 부딪혀 좌절을 겪고서 특별히 더 나빠지려고 하는 사람도 있습니다. 문제 행동을 하거나 신경증에 걸리거나 등교를 거부하며 집에 틀어박히기도 합니다.

하지만 딱히 특별하지 않아도 괜찮습니다. 자기 자신으로 있을 수 있으면 됩니다. 자신의 가치를 남이 인정해 주지 않아도 스스로 자신의 가치를 인정할 수 있으면 그것으로 충분합니다.

남에게 칭찬을 받으면 자신에게 가치가 있다고 여기게 되는데, 이것은 어려서부터 길러진 인정욕구라고 할 수 있습니다. 자신이 하고 있는 일을 남이 칭찬해 주지 않으면 그 일에 가치가 없다고 여기는 사람이 너무 많은 것 같습니다.

프란츠 크사버 카푸스라는 젊은 시인 지망생이 릴케에게 자신이 쓴 시를 보냅니다. 잡지사에 소개해 주지 않을까 기대하는 마음이 있었겠지요. 하지만 릴케의 답장은 냉정했습니다. "이런 일은 이제 그만두십시오." 그리고 이어지는 문장은 "깊고 조용한 밤에 스스로 자문해 보십시오. 나는 글을 써야 하는가? 만일 그에 대한 대답이 '예'라면 시를 쓰십시오."라는 것이었죠.

자고이래 예술가들은 생전에 평가를 받지 못하는 경우가 많았습니다. 고흐도 그랬고 고갱도 그랬지요. 하지만 그들은 평가받지 못해도 그림을 그만두지 않았습니다. 그와 마찬가지로 우리 역시 남에게 평가를 못 받는다고 해도 자신이 하고 있는 일에 또는 자기 자신에게 가치가 있다고 생각해야 합니다. 그것이 바로 '자립(自立)'이라는 말의 의미입니다.

오늘은 행복에 관해서 이야기해 보았습니다. 저는 성공하지 않아도 된다고 생각합니다. 특별한 무엇(somebody)이 되지 않아도 괜찮습니다. 풍족한 삶 또는 평탄한 삶을 살고자 애쓰지 않아도 됩니다. 그저 자기 자신의 인생을 살아내면 되는 것입니다.

이치로와의 대화

Q 소크라테스는 사형당하기 전 재판장에서 무슨 말을 했나요?

A 플라톤이 쓴 『소크라테스의 변명』에 보면 다음과 같은 내용이 있습니다.

"그대들은 재물을 되도록 많이 얻으려 신경 쓰고 명예나 지위를 얻는 일에는 고심하면서 지혜나 진리에는 신경도 안 쓰고, 또 자신의 영혼을 부단히 훌륭하게 만드는 일에는 배려도 않고 마음도 안 쓰는데 부끄럽지도 않은가?"

여기서 플라톤은 '소크라테스의 변명'을 통해 '지혜와 진리에 신경을 안 쓴다'라는 말은 행복이 무엇인지를 알아야 하는데 알려고 하지 않는다는 의미이며, '영혼을 부단히 훌륭하게 만든다'라는 말은 행복해지기 위해서는 영혼을 소중히 보살펴야 한다는 의미라고 전하고 있습니다. 몸을 보살필 게 아니라 영혼을 소중히 여겨야 한다는 말입니다.

플라톤은 육체를 그다지 중시하지 않았습니다. 육체는 사색할 때 오히려 방해가 됩니다. 공부를 하다 보면 졸음이 밀려오고, 술에 취하면 기분은 좋아지나 아무 생각도 못 하게 되죠. 이처럼 몸은 지적 활동에 방해가 되는 것이라고 플라톤은 말합니다.

또, 인간의 죽음을 영혼과 육체가 분리되는 것, 영혼이 육체에서 떨어져 나오는 것이라고 플라톤은 생각했습니다. "사색할 때는 육체에 휘둘려서는 안 된다. 살아있을 때도 영혼은 육체에서 떨어져 나와 독립적인 상태여야 한다. 철학은 죽음의 연습이다."라는 표현을 쓰고 있죠.

이것은 '자살하라'는 것이 아니라 죽음을 모방하는 것. 다시 말해 영혼이 육체에서 분리되는 것이 죽음이라고 한다면 사색할 때도 되도록 육체에 영향을 받지 말고 사색에 전념해야 한다는 의미입니다. 그러니까 플라톤은 그런 생각으로 살아온 철학자라면 눈앞에 죽음이 다가왔다고 한들 죽음을 두려워할 리 있겠느냐고 생각했던 것입니다.

『소크라테스의 변명』에는 육체는 사라져도 영혼은 불멸한 것이므로 영혼을 소중히 여겨야 한다는 표현을 썼습니다만, 다른 대화편에서는 '영혼의 보살핌'이라는 표현을 쓰고 있습니다. 몸을 보살피는 일은 누구나 다 합니다. 몸이 아프면 병원에 가서 진찰을 받고 약을 처방받는 등 알맞은 치료를 받지요. 그런데 영혼을 보살피는 사람은 적습니다.

철학자는 '지혜를 사랑하는 사람'이라고 앞 강연에서 말씀을 드렸습니다. 지혜를 사랑하는 사람은 무엇보다 영혼을 소중히 여기고 잘 보살펴야 합니다. 이것을 라틴 알파벳을 사용해 그리스어로 표현하면(어순을 조금 바꿨습니다만) "테스 프쉬케 테라피아(tes psyches therapia)"가 됩니다. 알아차린 분도 계실 텐데, 영어로는 사이코테라피(psychotherapy), 즉 심리 요법, 정신 요법을 말합니다. 정신 요법이라는 말은 원래 그리스어로는 '영혼을 보살피는 일', '영혼을 고양하는 일'이라는 뜻입니다.

소크라테스는 재판장에 모인 이들에게 정말로 중요한 것, 즉 영혼 또는 진리나 지혜에 마음을 쓰지 않고도 부끄럽지 않은지 물었습니다. 이 "부끄럽지 않은가?"라는 말을 지금의 정치가, 공직자들에게 큰 소리로 말해 주고 싶네요.

Q 심리학을 배우는 자세에 대해서 질문을 드리고자 합니다. 자연과학에서는 실험을 통해 가설을 증명할 수 있어 여러 가설 중 옳은 것을 판단할 수 있습니다. 그러면 심리학의 경우도 어느 한쪽이 옳다는 가정하에 배워야 하는 것인지요. 예를 들어 아들러와 융 각각의 가설이 있다면 그 '옳음'이라는 게 둘 중 어느 한쪽에 있다고 보아도 되나요? 아니면, 철학자마다의

두 번째 수업. 행복해지는 법

사상을 '이 사람은 이렇게 생각했다'는 정도의 얘기로 보아야
하는지 그런 것들이 궁금합니다.

A 옳고 그름으로 따지자면 어느 쪽이라고도 말할 수 없습니다. 다만
아들러의 사고방식에 따라 살아 보면 삶의 방식이 달라지는 느낌
은 받을 수 있을지도 모르겠습니다.

이것은 말의 넓은 의미로 보면 입증(evidence)이라는 것입니다. 예를
들어 아이나 부하 직원을 야단치지도 칭찬하지도 않는 대신에 공
헌에 주목하여 '고맙다'라고 말해 보라고 조언했다고 해보죠. 실제
로 그 조언을 받아들이고 실천한 이들은 가정이나 직장에서 대인
관계의 변화를 체험하게 됩니다. 이러한 실감을 경험한 사람은 아
들러의 사고방식이 옳은가 옳지 않은가 하는 문제에 그다지 얽매
이지 않게 되죠. 이런 점이 자연과학과는 다릅니다.

그런데 아들러는 자신의 가설을 주장하면서 개인심리학을 '과학'
이라고 말하기도 하고 '형이상학(形而上學)'이라고 말하기도 합니
다. 이 경우는 요컨대 '철학'입니다.

현상을 분석하거나 인정하는 것이 과학이라면 아들러가 말하는
과학은 철학에 가까운 '주장론[1]'이라고 할 수 있지요. 현실 증명에
일관하지 않고 마땅한 이상을 문제로 삼는 것입니다. 그래서 도저

---

1 의무를 다할 것, 이상을 실현해야 할 것 등을 강력히 주장하는 논조.

히 실천할 수 없는 '이상론(理想論)'이라고 불리기도 합니다.

그러나 철학은 '주장론'이 아니면 의미가 없습니다. 예를 들어 "사람은 순간 욱해서 화를 낼 수도 있다. 그것은 어떻게 할 수가 없는 것이다. 그런데 그런 식으로 화를 내게 된 것은 어린 시절 부모와의 관계와 관련이 있다."라는 식으로 문제를 아무리 분석해 봐야 인생은 달라지지 않습니다. 그러므로 실천이 쉽지 않겠다 싶더라도 상대방에게 화를 내거나 야단치는 것을 대신할 다른 행동을 아들러는 제안하는 것이죠. 그대로 따르기만 하면 대인관계는 반드시 달라진다고 하는 '효과'를 느껴 본 사람에게는 옳은지 옳지 않은지는 별 의미가 없습니다. 그렇다고 해서 경험법칙을 통한 자녀교육의 기법을 제안하는 것은 아닙니다. 주장론으로서의 철학은 이론적 근거에 바탕을 두고 있습니다.

아들러의 딸이자 정신과 의사인 알렉산드라 아들러는 만일 아들러가 오늘날의 약물요법을 알았다면 관심을 보였을 것이라고 말합니다. 그러나 신경증을 예로 들어 아들러는 증상을 제거하면 된다고 생각하기보다 증상의 목적을 생각했습니다. 신경증은 어떤 목적이 있어서 만들어진 것이므로 그 목적을 바꾸지 않은 상태로 증상을 제거하면 "아무런 망설임도 없이 또 다른 증상을 만들어 낸다."라고 했죠. 아들러 심리학은 이처럼 목적을 생각하는 과학이자 철학이라고 할 수 있습니다.

오늘날 아들러에 대해서도 알고, 다른 심리학에 대해서도 알고 있는 사람 중에는 이론이나 기법을 절충하는 이도 있습니다만, 원인론과 목적론은 양립할 수 없는 사고방식입니다. 따라서 사고의 근간이 다르므로 그렇게 해서는 안 된다고 저는 생각합니다.

Q 강연 내용 중에 '행복해짐'이 아니라 '행복 그 자체로 있음'에 관한 설명이 있었고, 그 후 '행복하기' 위해서는 '자기 자신으로 있어야 한다'고 말씀을 하셨는데, 지금 제가 여기서 선생님 강연을 듣고 있는 게 너무 좋다고 여기는 것이 행복하게 사는 첫걸음인가 하는 생각이 들었습니다. 그렇게 이해해도 될까요?

A 네. 행복한데 그것을 깨닫지 못하고 있을 뿐입니다. 그러므로 말의 일반적인 쓰임에 따라서 말하면, '행복함'의 깨달음이 곧 '행복해지는 것'이라고 할 수 있겠습니다. 방금 하신 말씀처럼 지금 여기에 우리가 이렇게 있는 것은 혼자서는 할 수 없는 일입니다. 여러 사람과 이어져 있으니까요.

이같이 사람과의 연관 속에서 자신이 살고 있음을 깨닫는다면 더 이상 그 어떤 것도 달성할 필요가 없습니다. 미키 기요시는 바로 이러한 상태를 가리켜 '자기 자신으로 존재한다'라고 표현했죠. 성공하지 않아도 자신이 존재하고 살아가고 있다는 것, 더불어 사람과의 연관 속에 있음을 깨닫는 것이 바로 행복입니다.

행복하기 위한 조건은 없습니다. 이러이러한 일을 달성해서 행복하다고 하는 것은 일반적인 표현 방법입니다만, 그것은 성공일 뿐 행복은 아닙니다. 뭔가를 달성해서 행복해지는 것이 아니라, 그런 것 없이도 그냥 행복한 거죠.

반대로 불행의 조건도 없습니다. 누구나 인생에 한두 번 커다란 사건과 마주하게 됩니다. 예를 들면 부모님이 돌아가시거나 아이를 먼저 보내는 경험을 할 수도 있습니다. 그럴 때 우리는 불행의 나락으로 떨어졌다고 생각하게 됩니다. 그런 큰일을 겪었을 때, 아무것도 느끼지 못할 수는 없지요. 당연히 큰 충격을 받습니다. 다시 일어서기까지 상당한 시간이 걸립니다. 자신이 바라지 않았던 일을 갑자기 겪게 되거나 자신의 의지에 반하는 일을 강요받으면 사람은 당연히 마음을 다치게 되죠. 아들러는 트라우마를 부정합니다만, 그래도 마음에 상처를 입는다는 것은 분명한 사실입니다.

'그런 것들이 불행의 조건은 아니다'라고 깨닫게 되기까지는 상당한 시간이 걸릴 수도 있습니다. 어쩌면 10년 또는 20년이 지나서야 그런 일이 일어난 데는 나름의 의미가 있었는지도 모르겠다고 생각하게 되는 날이 올지도 모릅니다.

가족을 먼저 떠나보낸 분들에게 종종 말씀드리는 이야기지만, 고인의 꿈을 꾸는 동안은 고인과의 관계가 아직 끝나지 않은 것입니다. 못다 한 일이 있어서인지 꿈을 꾸기만 하면 꿈속에 고인이 나타나지요. 저는 어머니가 돌아가시고 10년 정도 지나서야 어머니의 꿈을 꾸지 않게 되었습니다.

죽음은 슬픈 일이지만 마냥 슬퍼만 할 수는 없습니다. 억지로 슬픔을 억누르려고 할 필요는 없습니다. 시간이 지나면 언젠가는 이전처럼 온종일 고인을 생각하지 않는다는 사실을 깨닫는 날이 옵니다. 그런 날이 오더라도 매정해서 그런 게 아니라, 자연스러운 인간의 모습이라고 생각하시면 되겠습니다.

오늘 강연의 서두에서도 말씀드렸지만, 원인론적 사고에서 벗어나야 합니다. 이런 일이 있었기에 자신은 행복하다든가 이런 일이 있었던 탓에 자신은 불행하다라는 식으로 생각하지 않는 것이 중요합니다.

행복은 행운이 아닙니다. 행운이 있었기에 행복해지는 것은 아니지요. 반대로 불운한 일이 있어서 행복하지 않게 되는 것도 아닙니다. 행복은 그렇게 뭔가에 의해 결정되지 않으며 불행 또한 뭔가에 의해 결정되지 않음을 다시 한번 말씀드립니다. 성공도 실패도 조금도 행복을 뒤흔들지 못합니다. 이렇게 생각할 수 있게 되면 인생이 상당히 다르게 보이기 시작하죠.

물론 진지하게 살아갈 필요는 있습니다. 어떤 일이든 전력투구하여 몰두해야 합니다. 그것이 자신의 생계와 관련된 일이라면 두말할 것도 없죠. 진지함은 삶에 꼭 필요한 요소입니다. 하지만 너무

심각해질 필요는 없습니다. 불운한 일에 처했을 때 심각해지는 것은 당연하며, 그 심각함에서 벗어나기까지 시간이 꽤 걸릴 수도 있습니다. 하지만 심각해져 봐야 문제 해결에는 아무런 도움이 안 됩니다.

Q 오늘 말씀 중에 행복은 그 자체로 존재하는 것이라는 얘기가 있었고, 후반에는 행복은 곧 생명이라는 얘기가 있었는데요. 존재가 곧 생명이라는 말은 이해했습니다만, 얘기를 듣다 보니 진정한 행복이라는 말씀도 하셔서 왠지 보통의 생명을 의미하지는 않는 것 같다는 생각이 들었습니다.

A 제가 말씀드린 생명의 의미는 육체가 소멸하면 끊어지는 그 생명과 다릅니다. 사람의 가치는 존재에 있으며 살아있음에 가치가 있다면, 보통의 의미로 사람이 죽었을 때 더 이상 그 사람에게는 가치가 없는 것이냐, 그렇지 않다는 얘기죠. 사람은 죽었다고 해서 존재하지 않게 되는 것이 아닙니다. 생명을 잃게 되는 것이 아니라는 말이지요.

죽은 사람은 육체가 사라지는 것일 뿐, 생명은 계속 이어집니다. 지금 저는 이렇게 마이크를 들고 말하고 있습니다만, 마이크 스위치가 켜져 있지 않으면 제 목소리는 저기 뒤쪽까지 닿지 않겠죠.

비유하자면 이 마이크가 제 몸입니다. 이 마이크는 때때로 접촉 불량을 일으켜 일시적으로 꺼지기도 하는데, 그러면 제 목소리는 여러분께 가닿지 않습니다. 바로 질병에 걸린 상태와 같다고 할 수 있습니다. 그러다가도 또다시 전원이 켜지기도 합니다. 이것은 회복된 상태와 같은 것이지요.

마이크의 전원이 영원히 꺼져 버리는 것이 바로 죽음입니다. 사람은 죽은 후에도 아마 말을 멈추지 않을 것입니다. 계속 말을 이어가고 있으리라는 거죠. 다만 마이크 역할을 해주던 신체의 전원이 끊기는 바람에 그 목소리가 살아있는 사람에게 닿지 않는 것일 뿐입니다.

저는 인간의 삶이 육체의 소멸로 끝이 나는 것이 아니라, 죽은 후에도 사람은 타인에게 공헌할 수 있음을 목숨 또는 생명이라는 말을 빌려 전달하고 싶었습니다.

Q 죽은 후에도 생명은 계속 존재한다는 말씀이죠?

A 그렇습니다. 계속 존재합니다. 다시 말해 죽은 사람은 계속 말하고 있는 것이지요. 다만, 그 목소리를 우리는 들을 수 없고 그 모습을

볼 수도 만질 수도 없을 뿐이죠. 그러나 감각기관을 통해 인식할 수 없을 뿐이지, 죽은 사람을 떠올릴 수는 있습니다. 그렇게 떠올릴 때 뇌의 어딘가에 빛바랜 기억이 자리하고 있다가 그것이 되살아나는 것은 아닙니다. 우리가 먼저 간 사람을 기억하고 생각하면 그 사람은 바로 여기 있는 것과 다름없다는 의미입니다.

그런 의미에서 보면 멀리 떨어져 사는 가족과 같습니다. 떨어져 지내는 가족을 떠올렸을 때(제 아들만 해도 좀처럼 집에 오지 않아서 오랫동안 못 본 것 같습니다만), 문득 생각이 났을 때, 그 가족의 모습이 생생하게 떠오르는 그런 경험 다들 가지고 계시겠죠. 그런 것과 같은 감각을 고인이 되어 세상에 없는 사람에게도 적용해서 생각할 수 있는 셈이지요.

물론 멀리 떨어져서 사는 가족이나 친구와는 언제든 만날 수 있습니다. 죽은 사람과는 두 번 다시 만날 수 없지만요. 그 차이가 크기는 해도 죽은 사람의 부재를 이렇게 받아들이면 그 사람을 향한 마음이 달라지겠지요.

비유하자면 업데이트가 없는 블로그라고 보시면 될 것 같습니다. 찾아 들어가 봐도 새로운 게시물은 없지만, 기존의 게시물을 보다 보면 그 사람이 생생하게 떠오르듯이 말이죠.

이미 세상을 떠난 어느 작가의 책을 읽다가 그 저자가 살아있는 것처럼 느껴진 적은 없는지요? 주치의 선생님이 제게 "책을 쓰세요. 책은 남을 테니까요."라고 말했을 때, 듣기에 따라서는 다소 심한 표현일 수도 있지만, 책은 남겠지 하는 희망이 생기더군요. 저는 그것이 저의 '불사(不死)'로 이어지는 게 아닐까 생각했습니다. 생명을 죽음과 더불어 소멸한다고 보지 말고 영원과 연결하여 생각해 나가 보는 게 어떨지요.

세 번째 수업

우리는 모두
'타인의 타인'이다

사람은 혼자서는 살 수 없다

지난 강연에서는 행복이란 무엇인가, 어떻게 하면 행복해질 수 있을까 하는 주제로 얘기해 봤습니다. 오늘은 대인관계에 관해 얘기해 볼까 합니다.

제가 오랫동안 플라톤 철학을 공부하면서 뭔가 부족한 느낌이 들었던 이유는 플라톤이 답을 제시하고 있지 않았기 때문이었습니다. 그의 대화편을 읽어 봐도 그 가르침을 현실 대인관계에 활용할 수 있을지 좀처럼 알 수가 없더군요.

저는 아들러 심리학은 목적론을 내세우고 있다는 의미에서 그리스 철학의 흐름에 속한 심리학이라고 이해하고 있습니다만, 플라톤과 아들러의 사상 간에는 커다란 차이가 있습니다. 바로 아들러가 '대인관계'를 고찰한다는 점입니다. '행복'에 있어서도, 내면적인 측면보다 대인관계 안에서 살펴보아야 함을 플라톤이 아닌 아들러가 가르쳐 주었죠.

그럼 이제 강연을 본격적으로 시작해 보겠습니다.

사람은 혼자서는 살아갈 수 없습니다. '인간(人間)'이라는 글자는

세 번째 수업. 우리는 모두 '타인의 타인'이다

사람과 사람의 사이를 뜻합니다. 한 명 이상의 사람이 있을 때 비로소 '인간'이 되는 것이지요. 혼자서는 살아갈 수 없다는 말에는 몇 가지 의미가 있습니다. 먼저 사람은 생물로서는 매우 약한 존재이기 때문에 혼자서는 살 수 없습니다.

아들러는 버펄로처럼 단일 개체로서는 약하거나 적에게 습격당하기 쉬워 무리 지어 생활하는 동물을 예로 들고 있습니다. 사람도 마찬가지입니다. 갓 태어난 아기는 부모의 보살핌을 받지 않으면 한시도 살아갈 수가 없지요.

두 번째로는 아이뿐 아니라 어른도 타인의 도움이 필요하다는 점입니다. 그 누구도 혼자서는 살 수가 없죠. 끊임없이 남의 도움을 필요로 합니다. 게다가 도움을 주는 이들은 언제든 도움의 손길을 내밀 준비가 되어 있지요. 그것이 인간이라는 존재입니다.

그런데 도움을 구하려 하지 않는 사람도 있습니다. 남에게 자신의 약점을 보이기 싫은 것이지요. 하지만 정말로 힘들 때는 힘들다고 말할 수 있는 관계를 쌓아 나가야 합니다. 예를 들어 누군가가 세상을 떠났다는 말을 들었다고 해보죠. 일면식 없는 사람일지라도 그런 말을 들으면 왠지 모르게 자기 안의 뭔가를 잃어버린 듯한 느낌이 들기도 합니다.

하물며 가족이라면 더 그러겠죠. 자신의 일부라고 생각해도 좋을 만큼 친밀했던 사람이 이 세상에서 사라져 버렸다는 얘기를 듣고는 마치 자신의 신체 일부가 사라져 버린 것 같은 감각을 갖는 사람도 많으리라 생각합니다. 그런 의미에서도 사람은 혼자서는 살아갈 수 없으며, 사람과 사람은 연결되어 있다고 생각할 수 있습니다.

처음부터 타인의 존재를 아는 것은 아니다

사람은 이 세상에 자기 말고도 다른 사람이 존재한다는 사실을 언제쯤 알아차릴까요? 제가 철학을 배우게 된 계기는 이미 여러 차례 말씀을 드렸듯이, 하나는 초등학생 때 겪은 육친의 죽음이었습니다. 저는 그때쯤 타인의 존재를 어렴풋이 알게 되었던 듯합니다. 제게는 한 살 터울의 여동생이 있습니다만, 저는 그때만 해도 여동생이 제 입장에서는 타인이라는 사실을 알지 못했습니다. 그러던 어느 날 바깥 풍경을 보다가 별안간 동생도 나랑 똑같은 풍경을 보고 똑같은 생각을 할까 하는 궁금증이 생겨난 거죠. 그랬더니 머릿속이 어지러워지기 시작하더군요.

제 손녀는 이제 막 세 살이 되었습니다만, 타인의 존재를 알고 있는 것 같습니다. 최근에는 "맛있어요?", "괜찮아요?" 하고 제게 묻기까지 합니다. 그때 손녀의 세계 속에 제가 타인으로서 존재하고 있다는 사실을 알았습니다.

사람과 '사물'은 다릅니다. 문득 누군가가 쳐다보고 있다는 느낌이 들어서 고개를 들었을 때, 사람이 아니라 마네킹이나 허수아비가 있으면 괜히 안심이 됩니다. 그런데 사람이 있으면 왠지 창피한 기분이 듭니다. 고개를 든 순간 눈이 마주쳤다면 상대방이 먼저 자신을 보고 있었다는 얘기이므로 창피해할 필요가 없는데도 말이죠.

왜 그런 생각이 드는 걸까요? 자신이 타인을 볼 때 그 사람에 대해서 여러 가지 생각을 하듯, 마찬가지로 자신을 보고 있던 타인도 자신에 대해서 뭔가를 생각했겠구나 싶고, 그런 의미에서 자신은 '타인의 타인'이라는 사실을 깨닫게 되면서 괜히 창피하다는 생각이 드는 것입니다.

부모의 경우는 어떨까요? 부모는 갓 태어난 아기를 '사물'로 볼까요? 그렇지 않습니다. 아기는 태어난 순간부터 여러 가지를 느끼고 있을 거라고 어른들은 생각합니다. 아기를 가능적 존재[1]로 보는 게 아니라, 처음부터 완전한 인간으로 보지요. 갓난아기의 시력은 겨우 빛을 구분할 수 있는 정도로 매우 나쁘다고 합니다. 눈을 뜨고 있어도 뭔가를 보지는 못하는 상태이지요. 하지만 부모는 아이가 자신과 똑같이 느낀다고 생각하며 아이와 마주합니다.

---

1 가능태(可能態, dynamis). 아리스토텔레스가 사용한 개념으로 현실태(現實態. energeia, actuality)의 상대 개념. 아리스토텔레스는 사물의 생성을 이 대개념(對槪念)으로 설명하고 사물은 가능적 존재에서 현실적 존재로 발전한다고 생각하였다. 이를테면 나무의 씨앗은 나무의 가능적 존재에 불과하지만, 나무의 씨앗은 마침내 현실화하여 나무가 된다는 개념.

제 어머니는 뇌경색으로 쓰러지신 후 마지막 두 달 정도는 의식이 전혀 없었습니다. 그런 어머니를 제가 '사물'이라 여겼을까요? 말도 안 되지요. 의식이 있거나 없거나 '사물'이 아니라 인간입니다.

타인에 대한 부정적인 관심

이처럼 자신만 살고 있는 것이 아니라 타인도 또한 자신과 같은 자격으로 이 세상에 존재하고 있으므로 우리가 타인에게 관심을 갖지 않는 것은 불가능합니다.

아들러는 '공동체 감각'이라는 표현을 사용하는데, 당초에 독일어를 영어로 직역했을 때는 '소셜 필링(social feeling)'이라고 옮겨졌었습니다. 하지만 아들러는 후에 'social feeling'이 아니라, '소셜 인트레스트(social interest)'라는 말을 채용합니다. 'interest', 즉 '관심'은 라틴어로는 '인테르 에세(inter esse)'입니다. 'inter'는 '사이에'라는 뜻이고, 'esse'는 '있다', 즉 영어의 'be'에 해당되며 'esse'의 3인칭 단수형이 'est'이죠. 이 두 단어를 연결해서 영어의 'interest'가 된 것입니다.

'나와 당신 사이에 있다', 다시 말해 나와 당신 사이에 일어나고 있는 일이 어떠한 의미에서 자신과 관계가 있다고 하는 뜻입니다. 자신과 대상 사이에 관련성이 있다, 또는 상대방이 하는 일이 자신과 무관하지 않다고 여기는 것이 바로 '관심이 있다'라는 말이지요.

정치에 별 관심이 없는 사람은 뉴스를 통해 지금 세상에서 벌어지고 있는 일을 들어도 아무 생각도 안 합니다. 하지만 자신과 관계가 있다고 생각하면 관심이 생깁니다.

아들러는 중국 어딘가에 매 맞는 아이가 있다면 우리 모두 그 일에 책임이 있다고 예를 들며 다음과 같이 말합니다. "나는 언제나 세상을 바꾸기 위해 무엇을 할 수 있는지를 생각하고 있다." 이런 생각을 하려면 타인에게 관심을 가져야 합니다.

타인이나 세상에 관심을 두는 방식에는 긍정적인 방식과 부정적인 방식이 있습니다. 먼저 부정적인 방식으로 관심을 갖는 사람에 관해서 얘기해 보기로 하겠습니다.

타인을 향한 부정적 관심을 갖는 사람은 타인을 자신의 앞길을 막는 존재로 봅니다. 무엇이든 자신이 원하는 대로 되었던 어린 시절처럼 자신의 욕구를 아무도 막지 않으면 좋겠지만, 실제로는 그럴 수가 없지요. 뭔가를 하려고 하면 꼭 반대하는 사람이 나타납니다.

그러면 그로부터 인정받고 싶다고 생각하게 되죠. 인정받고자 하는 욕구가 우세해지는 순간 행동의 자유는 심각하게 제한됩니다. "정신적인 긴장감이 커진다."라고 아들러는 말합니다. 정말로 해야 할 말을 못 하게 되는 거죠. 예를 들어 '좋아요'를 많이 받고 싶은 마음에 SNS에 진짜 쓰고 싶은 글은 못 쓰고, '좋아요'를 받을 수 있는 글만 쓰게 되는 것과 같습니다.

소크라테스라면 윗사람의 부정행위를 숨기기 위해 아무렇지 않게 거짓말하는 지금의 공직자, 정치인에게 "부끄럽지 않은가?" 하고 일갈했을 테지만, 미키 기요시는 "부하를 다루는 손쉬운 방법은 그들에게 입신출세의 이데올로기를 주입하는 것이다."라고 말합니다. 제 살길만 생각하며 거짓말하는 그들이 결과적으로는 승진하고 출세할지 모르겠지만, 잃는 것도 많지 않을까요.

오로지 인정받고자 상사의 안색을 살피며 "이런 말을 했다가 잘리는 건 아닐까?" 하는 생각만 하면서 머뭇거려서는 안 됩니다. 정말로 해야 할 말, 해야 할 행동을 할 수 있어야 합니다.

타인에 대한 긍정적인 관심

반대로 타인에게 긍정적인 관심을 가지는 사람도 있습니다. 아들러는 타인을 '친구'로 보았습니다. '친구'로 번역된 원래의 독일어는 '미트멘셴(Mitmenschen)'입니다. 'mit'는 '함께', 'Menschen'은 '사람들'이라는 의미이므로 사람과 사람이 연결되어 있다는 뜻입니다. 'Mitmenschen'에 반대되는 말로 '게겐멘셴(Gegenmenschen)'이라는 말이 있는데, 이 말은 사람과 사람이 대립 또는 적대(gegen) 관계에 있다는 의미이므로 저는 '적'으로 번역합니다.

타인을 적으로 볼지 친구로 볼지에 따라 인생은 상당히 달라지는데, 타인을 무조건 신뢰할 수 있다면 좋겠지만, 쉽지 않습니다. 한두 번 다툼을 경험하고 나면 주변 사람에게 마음을 주어서는 안 되겠다는 생각도 들지요. 그래서 저는 아들러가 타인을 친구와 적으로 구별하지 않고 모든 사람을 친구라고 본 점에 주목하고자 합니다. 이는 상당히 혁신적인 사고방식입니다.

아들러는 이 'Mitmenschen'이라는 말에서 파생한 '미트멘슐리히케이트(Mitmenschlichkeit)'라는 독일어를 사용하고 있습니다. 이 단어는 '사람과 사람은 친구'라는 의미입니다. 공동체 감각은 '게마인샤프츠게퓔(Gemeinschaftsgefühl)'이라고 합니다만, 'Mitmenschlichkeit'는 공동체 감각을 나타내는 또 하나의 독일어입니다.

아들러는 제1차 세계대전 중에 모든 사람은 적이 아니라 친구라는 생각을 하게 되었습니다. 그는 정신과 의사였으므로 군의관으로 참전하여 전쟁 신경증에 걸린 병사들의 치료를 담당했지요.

포탄이 날아다니고 어느 순간 자신이 죽을지도 모르는 곳, 상대를 죽이지 않으면 자신이 죽임을 당할지도 모르는 그런 곳에 갑자기 내던져진다면 마음을 다치지 않을 수 없습니다.

아들러는 우수한 의사였으므로 병사들의 전쟁 신경증은 치유되었습니다. 하지만 회복된 그들은 어떻게 되었을까요? 또다시 전선에 투입되었습니다. 아들러는 자신의 판단에 따라 전선으로 되돌아가게 되는 병사들이 어쩌면 이번에는 정말로 죽게 될지도 모르고,

또 어쩌면 적국의 병사를 죽이게 될지도 모른다는 괴로운 생각에 잠 못 이루는 나날들을 보내야 했지요.

그런 전쟁 통에도 아들러는 사람과 사람은 적이 아니라 친구라는 '공동체 감각'이라는 사상에 도달하게 됩니다. 이것은 놀라운 일입니다. 아들러와 마찬가지로 제1차 세계대전을 겪은 프로이트는 사람에게는 공격 본능이 있다고 말했거든요. 하지만 공격 본능이 있기에 사람은 서로 죽이고 죽일 수 있다고 말해 버리면 현상은 바꿀 수 없습니다.

아들러는 휴가를 받고 빈으로 돌아갔을 때, 처음으로 카페에서 친구들에게 공동체 감각에 관해서 설명합니다. 'Mitmenschen'은 신약성서에 나오는 '이웃'과 같은 의미입니다. 즉 '적을 사랑하라'라는 크리스트교의 이웃사랑에 필적할 만한 생각을 펼쳐 보였던 것입니다. 그러나 그의 얘기를 듣던 친구들은 아들러가 하는 말은 더 이상 과학이 아니라며 그의 곁을 떠나 버렸습니다.

타자공헌을 느낄 때

이번에는 '타자공헌'에 관해서 생각해 보겠습니다. 먼저 타인을 친구로 생각하지 않으면 타인에게 공헌하려는 마음은 생기지 않습니다.

아들러는 "자신에게 가치가 있다고 여겨질 때만 용기를 가질 수 있다."라고 말했습니다. '자신에게 가치가 있다고 여겨진다'는 말은 있는 지금 내 모습 그대로 충분히 괜찮다고 생각한다는 의미입니다. '용기'는 대인관계 안으로 들어가는 용기를 말합니다. 대인관계 안으로 들어가는 데 용기가 필요한 이유는 뭘까요? 사람과 관계를 맺으면 마찰이 발생하지 않을 수 없기 때문입니다. 아들러는 "모든 고민은 대인관계에서 비롯된다."라고 단언합니다. 대인관계는 불행이나 고민의 원천이라고 해도 지나치지 않습니다.

다른 한편, 대인관계를 통해서만 행복, 삶의 기쁨을 느낄 수 있다는 것도 사실입니다. 오래 교제한 연인과 결혼할 결심을 굳히는 이유는 이 사람과 함께라면 분명 행복할 거라고 느꼈기 때문이지요. 그러므로 행복해지기 위해서는 대인관계 안으로 발을 들여야만 합니다. 하지만 자신에게 가치가 없다고 생각하면 대인관계 안으로 발을 들일 용기를 낼 수 없습니다.

그런데 잘 생각해 보면 이것은 오히려 반대입니다. 좋아하는 사람이 있음에도 고백하지 못하거나, 큰 결심을 하고 마침내 고백을 했는데 "당신을 남자로 생각해 본 적이 없습니다."라는 말을 듣고 상처를 받는 일도 있습니다. 상처받을 바에는 차라리 고백 따위 하지 말자고 결정한 사람이 그 결정의 이유로서 자신에게는 가치가 없다고 생각하기로 마음먹는 것입니다.

그렇다면 언제 자신에게 가치가 있다는 생각이 들고 대인관계 안으로 들어갈 용기를 낼 수 있을까요? 바로 자신이 어떠한 형태로든 타인에게 공헌하고 있다고 느낄 때입니다. 타인을 친구로 생각하지 않으면 타인에게 공헌하고자 하는 마음도 생기지 않습니다. 참 어려운 일이지요. 타인을 친구로 생각하는 게 정말 마음처럼 쉽지 않거든요.

2019년 7월에 발생한 교토 애니메이션 방화 사건의 용의자는 생사의 갈림길에서 헤매다 간신히 목숨을 건졌습니다. 그 사건으로 서른 명 이상이 사망했기 때문에 일본의 형법에 따라 사형을 선고받을지도 모릅니다. 그를 치료한 의사 입장에서 보면 자신이 치료한 사람이 사형에 처할 수도 있는 상황이지요. 하지만 의사에게 환자는 그가 누구든 같은 가치를 지니기 때문에 살인을 저지른 사람이라고 할지라도 그것과는 상관없이 생명을 구해야 합니다. 그렇게 목숨을 건진 사건 용의자는 "지금까지 남에게 이렇게 친절한 대우를 받은 적은 없었다."라는 말을 했다고 합니다.

그는 지금까지 살아오면서 '남에게 인정받고자 노력'을 했습니다. 자신이 쓴 작품이 상을 받고 애니메이션 원작에 채택되기를 바라며 교토 애니메이션이 주최한 대회에 소설을 응모했습니다. 하지만 채택되지 못했죠. 떨어졌으니 다시 도전하는 수밖에 없는데, 그는 자신의 재능을 인정해 주지 않은 타인을 '적'으로 간주하게 된 것입니다.

그런 그가 "이렇게 친절한 대우를 받은 적은 없었다."라고 말했다는 것은 타인을 보는 시선이 분명하게 바뀌었다는 증거입니다. 그렇다면 그의 향후의 인생도 분명 달라질 수 있습니다. "향후의 인생이라고 해봤자 사형받을 일만 남지 않았느냐?"라고 생각할 수도 있겠으나 사람을 죽이면 사형에 처하는 것이 자명한 일은 아닙니다.

아들러는 사형과 전쟁에 반대합니다. 저도 아들러와 의견이 같습니다. 범인을 사형하면 갱생할 수 없으니까요. 나 역시 그가 평생에 걸쳐 속죄해야 한다고 생각합니다만, 벌을 줄 거라면, 플라톤의 표현을 빌리자면 '교육형'이어야 합니다. 사형은 갱생의 기회를 빼앗습니다. 아무것도 해결되지 않지요.

타인을 친구로 볼 수 있는가?

다시 본론으로 돌아가서, 타인을 친구로 보는 일은 쉽지 않습니다만, 친구로 볼 수 있게 되면 그때부터 인생은 달라집니다. 하지만 우리가 살인을 저지른 사람도 친구로 여길 수 있을까요? 당연히 쉽게 받아들이기 어렵겠지요. 예를 들어 사형 제도를 반대하는 사람이 자신의 가족이 살해당했을 때도 사형에 반대라고 말할 수 있을지 어떨지.

2001년에 미국에서 일어난 9.11 테러는 많은 사람의 목숨을 앗아 갔습니다. 하지만 희생자 가족 모두가 그 후의 전쟁에 찬성한 것은 아닙니다. 사랑하는 사람이 테러로 인해 목숨을 잃었지만, 그것을 구실로 전쟁을 벌이는 데는 반대한 사람도 많았죠. 유족 감정을 앞세워 사형 제도나 전쟁이 필요하다고 말하는 사람도 많지만, 유족 모두가 범죄자를 증오하는 것은 아니라는 말입니다.

아들러는 공동체 감각의 한 가지 정의로서 다음과 같은 말을 했습니다. "타인의 눈으로 보고 타인의 귀로 듣고 타인의 마음으로 느낀다."(『삶의 과학(The Science of Living)』) 자신의 눈이 아니라 타인의 눈으로 본다고 하는 것은 실제로는 불가능합니다. 인간은 자신의 눈으로밖에 볼 수 없으니까요.

그렇다면 '타인의 눈으로 본다'는 말은 어떤 의미일까요? '만일 나라면'이라는 의미라고 생각했다면 틀렸습니다. 상대방의 눈으로 본다는 것은 '만일 자신이 상대방과 같은 입장이라면 어떻게 느끼고 어떻게 행동했을까?'를 상대방의 시선으로 생각하는 일입니다. 그것을 아들러는 '공감'이나 '동일시'라는 말로 표현했습니다.

서른 명 이상의 목숨을 앗아간 범인의 입장에 일단 자신을 두고, 어쩌면 나였어도 같은 행동을 했을지도 모르겠다고 생각해 보지 않고서는 이러한 문제를 해결할 실마리를 찾을 수 없습니다. 자신도 마찬가지로 소설을 써서 응모를 했는데 떨어졌다면 크게 실망하겠지요. 자신감이 있었다면 더욱 그럴 테고요. 그럴 때 자신을 인정해

주지 않은 사람에게 원한을 품게 됩니다. 위해를 가할 정도까지는 아니더라도 '그럴 수도 있지 않을까?' 하고 생각해 보는 공감 능력을 아들러는 '공동체 감각'이라는 말로 표현하고 있습니다.

물론 교토 애니메이션 방화 사건의 범인을 용서하자고 말하는 것은 아닙니다. 다만, 범인의 시선에서 사물을 생각해 보지 않는 이상 비슷한 사건을 막을 수는 없을 거라는 의견입니다.

불교에 '분별(分別)[2]'이라는 말이 있습니다. 자신과 타인을 '분별'해서는 안 된다고 합니다. 어느 부모가 기대가 컸던 자식이 갑자기 일을 그만두고 집에 틀어박혀 자기 자신을 학대하자, "나는 우리 애가 도저히 내 자식 같지가 않다."라며 탄식했다고 하는 얘기를 들은 적이 있습니다. 부모는 설령 자식이 자신의 기대에 못 미치더라도 또는 아파서 힘든 상황에 있을지라도 어떤 상태이든지 간에 "이 아이는 어쨌거나 내 아이다." 하고 받아들여야 합니다.

선악을 넘어 상대방을 있는 그대로 받아들이는 마음이 중요합니다. 불교에서는 이런 마음을 뜻하는 말로 '대비(大悲)'라는 말을 사용합니다. 그리고 그렇게 선악을 넘어 상대방을 있는 그대로 받아들이는 마음이 작용하는 세계를 가리켜 '정토(淨土)'라고 표현합니다. 그러므로 정토라는 것은 죽은 후의 세계가 아닙니다. 도저히 받아

---

2 모든 사물과 존재의 본성을 보지 못하고 겉모습에 매달려 판단하고 사유, 추론하는 의식 작용.

들일 수 없는 사람이 있어도 받아들이려고 생각하는 세상을 말하죠. 사람은 모두 친구라는 아들러의 사고방식과 일맥상통하는 부분입니다.

있는 그대로의 자신이어야 공헌할 수 있다

'공헌'에 관한 이야기를 계속해 보겠습니다. 타인에게 공헌하려고 생각하거나 타인에게 공헌하고 있다고 생각되면 자신에게 가치가 있다고 의식할 수 있으며, 또 타인에게 공헌하기 위해서는 타인을 친구라고 생각해야 한다는 부분까지 말씀을 드렸습니다. 이제 이 '공헌'의 의미를 생각해 보겠습니다.

어떠한 행위를 통해 타인에게 공헌할 수 있는 사람은 그렇게 하면 됩니다. 그런데 행위를 통해 타인에게 공헌하려고 생각했다가 바로 좌절하는 사람이 생길 수도 있습니다. 저는 병에 걸려 쓰러졌을 때는 전혀 몸을 움직일 수가 없었습니다. 건강을 되찾고 퇴원한 후 많은 책을 썼지요. 그런데 책 쓰기와 같은 '어떠한 행위'만이 공헌일까요? 만일 그렇다면 병상에서 아무것도 못 했을 때는 제 가치가 없는 것일 테지만, 물론 아닙니다. 누구나 '존재' 그 자체와 '살아

있음'을 통해 공헌할 수 있으니까요.

여러분도 사람은 살아있는 것 자체로 타인에게 공헌할 수 있다는 사실을 알았으면 합니다. 지금 세상은 생산성으로 가치를 따지는 시대이므로 무언가를 할 수 있다는 것에 가치를 인정합니다.

현대사회에는 '비용 대비 효과', 즉 비용에 마땅한 효과를 얻어야만 한다고 생각하는 사람이 많습니다. 예전에 저는 나라(奈良)여자대학에서 그리스어를 가르쳤었는데 수강 학생이 적다는 이유로 갑자기 폐강되었지요. 13년 동안이나 계속된 수업이었는데 말이죠. 그리스어 수업에 사람이 많이 몰릴 리 없습니다. 수강 학생이 정말 적어서 많아 봐야 고작 다섯 명, 적을 때는 두 명, 단 한 명이 수업을 받았던 해도 있었습니다.

학문이라는 것은 당장에는 도움이 되지 않습니다. 그런데 학문이 정말 아무런 도움이 안 될까요? 그렇지 않습니다. 물론 실용적인 도움이 아닐 수는 있습니다. 하지만 분명 도움이 될 순간이 오게 마련이지요.

지금은 학문의 기본 방향을 정치가가 정하는 시대입니다. 도움이 되지 않는, 돈이 되지 않는 학문은 대학에서 가르치지 않아도 좋다고 생각하는 그런 시대라서 행위가 아닌 삶을 사는 것, 살아있는 것에 가치가 있다고 생각하려면 상당한 용기가 필요합니다. 하지만 각자가 그것을 스스로 느끼지 못하면 타인을 향한 시선도 매우 엄격해집니다. 아이가 등교를 거부하면 부모는 패닉 상태에 빠집니다. 그럴 땐, 그래도 어쨌거나 아이가 집에는 있을 테니 그것만으로도 감사한 일이라고 생각하시면 좋겠습니다.

연명 치료를 받고 싶지 않다는 사람이 있습니다. 또 일본에서는 법률적으로 허용되지 않지만, 안락사를 원하는 사람도 있습니다. 왜 그런 생각을 할까요? 가족에게 폐를 끼치고 싶지 않아서입니다. 하지만 사람은 살아있는 것 자체로 가치가 있다는 사실을 안다면, 자신이 살아있다는 사실이 가족에게는 큰 기쁨이며, 그로써 공헌하고 있다고 생각 못 할 이유는 없지 않을까 싶습니다.

퍼슨론

마지막으로 한 가지만 더 말씀드릴까 합니다. 대학에서 생명윤리를 가르쳤던 적이 있습니다만, 여러분은 '퍼슨론(Person theory)[3]'에 대해서 아시는지요? '퍼슨(Person)'은 '인격'을 말합니다. 사람은 어떤 조건을 갖췄을 때 인격이라고 부를 수 있을까요? 이런 질문을 두

---

3 응용 윤리학에서 어떤 주체에 각종 권리(생존권 등)를 인정할 것인가를 논하는 이론으로, 퍼슨론이 중요한 이유는 동물이나 자연의 보호는 왜, 어디까지, 어떻게 해야 하는지, 인공 임신중절은 허용해야 하는지와 같은 윤리적 문제에서 권리 주체의 범위가 중요하기 때문이라고 함.

고 논의를 해야 하는 이유는 장기 이식, 뇌사 문제, 인공 임신중절 등의 문제가 있기 때문입니다. 뇌사 상태에 빠진 사람은 '사람'인지, 태아는 언제부터 '사람'인지 같은 기준을 정해야 하죠. 요컨대 '사람'은 어떤 조건일 때 '사람'인가 하는 문제입니다.

여러 가지 견해가 있습니다만, 그중 하나를 소개해드리면, 사람이기 위해서는 '뭔가를 원한다', '뭔가를 하고 싶다'와 같은 욕구 의식이 있어야 한다고 하는 의견입니다. 예를 들어 그런 욕구 의식이 있고, 그 욕구 의식의 주체로서의 자기의식이 있어야 하죠. 자신이 자신임을 의식할 수 있는 것, 이것이 '사람'이 인격(Person)이라고 불리기 위한 조건이라는 사고방식입니다. 그런데 이러한 사고방식에서 보면 태아는 아직 자기의식이 없으므로 인격이라고 볼 수 없게 됩니다. 또, 중증 정신장애를 가진 사람, 중증 인지장애를 앓고 있는 고령자도 인격으로 볼 수 없게 되지요.

한편, 사회적 의미에서 인격을 인정하려는 사고방식도 있습니다. 이러한 의미에서 인격으로 인정받으려면 사람과 최소한의 상호작용이 가능해야 합니다. 제 손녀는 떠듬떠듬이나마 의사소통이 되는데 이것은 최소한의 상호작용이 가능하다는 얘기입니다. 그렇다면 정신장애를 가진 사람이나 인지장애를 가진 사람은 인격으로 인정될 수 있지만, 뇌사 상태의 환자는 인격으로 인정할 수 없게 됩니다.

저는 '사람'과 '사물'을 단순히 이분법적으로 보는 시각은 잘못되었다고 생각합니다. 예를 들어 태아는 '사람'이 아닐까요? 엄마는 태동을 느끼면 태아가 생물학적으로 아직 '사람'이라고 불리기 전이라 해도 자기 안에 사람이 머물고 있다고 생각합니다. 훨씬 전부터 그렇게 느끼는 사람도 있습니다. 그러므로 태아가 생물학적으로 사람인지 아닌지는 상관없습니다. 엄마가 자기 배 속에 아이가 있다고 생각한 시점에서 이미 아이는 사람이니까요. 뇌사 상태의 환자도 그 가족에게는 분명히 살아있습니다. 의학적으로 또는 생물학적으로는 이미 죽어서 산 사람이 아니라고 해도 '사물'은 아니지요.

다시 말해 사람이 인격으로 인정받기 위한 조건은 '없다'고 보면 됩니다. 최소한의 상호작용이 없어도 사람은 어떤 상태에 있든지 간에 사람입니다. 이처럼 뇌사 상태의 사람이든 태아든 그들이 사람, 즉 인격일 수 있는 이유는 사람과 사람이 연결되어 있기 때문입니다. 어떠한 조건에 처한 사람이건 내가 그 사람과 연결되어 있다고 생각하는 마음이 그 사람을 살게 하는 것이지요.

타인과의 관계 속에서 자신이 상대방을 살게 한다는 말이 아리송할 수도 있습니다. 그러니까 상대방이 생물학적으로 또는 의학적으로 죽은 사람이라고 간주되어도 내가 그 사람을 인격으로 여기면 나와 그 사람은 연결되어 있다고 느껴지며, 그러한 감각으로 인해 그 사람은 계속 그 사람일 수 있다는 의미로 받아들여 주시면 좋을 듯합니다.

지난 강연 마지막에 잠시 언급한 바와 같이 죽은 사람은 더 이상 감각기관을 통해 인식할 수는 없습니다. 눈으로 보지도 못하고 손

세 번째 수업. 우리는 모두 '타인의 타인'이다

으로 만지지도 못하고 목소리를 들을 수도 없으니까요. 그래도 여전히 살아있다고 생각됩니다. 그저 멀리 떨어져 사는 가족처럼 말이죠. 여기에 방금 배운 '인격을 결정하는 조건은 없다'라는 내용을 적용하면 이미 죽고 없는 사람일지라도 자신이 그 사람과 연결되어 있다고 생각함으로써 그 사람을 살게 하고 있다고 말할 수 있습니다. 그러므로 우리는 이미 죽고 없는 사람이라고 해도 그 사람을 잊어서는 안 됩니다. 계속 생각해야 합니다. 물론 죽은 사람 입장에서는 자신을 잊지 못하고 힘들어하는 걸 바라지 않을 수도 있습니다. 어쩌면 잊어도 괜찮다고 말하고 싶을지도 모릅니다.

죽은 사람을 계속 살게 한다는 표현이 이상할 수도 있는데, 그 사람이 살아있다고 여기고 자신과 연결되어 있다고 생각하려면 항상은 아니더라도 때때로 그 사람을 떠올리며 기억해야 합니다. 그러면 눈에는 보이지 않더라도 그 관계는 계속 이어지게 됩니다. 저는 그런 의미에서 사람은 '불사'의 존재라고 생각하고 있습니다.

우리도 마찬가지로 다른 사람에 의해 살아가고 있다고 할 수 있는데요. 이 강연의 중요 주제인 '사람은 살아있는 그 자체로 가치가 있다'는 것과 지금 설명한 퍼슨론을 겹쳐서 생각해 보면 다음과 같이 말할 수 있을 것 같습니다.

"사람이 사람임을 인정받는 데 필요한 조건은 없다."

위대한 공적을 이루지 않아도 우리가 이렇게 살아가고 있다는 것 자체로 가치가 있다는 말은 사람이 인격임을 인정받는 데 조건이 없다는 말과 일맥상통하는 부분입니다. 어떤 상태의 사람이든지 인격적 존재 그 자체인 셈이지요. 비록 죽은 사람이라고 할지라도 말이죠.

이치로와의 대화

Q 지인이 "요즘 아무 의욕도 없고, 살고 싶은 마음도 없어."라는 말을 해서 "왜 그런 말을 해? 당신이 살아있는 것만으로도 축복이야."라고 말해 줬습니다. 그런데 제 얘길 전혀 귀담아듣지 않더군요. 그랬던 지인이 자신의 소설을 타인에게 인정받은 순간에는 기분이 나아진 듯이 보였습니다. 그런 사람은 인정받고자 하는 마음이 강한 것인가요?

A 상당히 강하다고 생각합니다. 아들러는 저와는 다르게 상냥한 사람이라 남에게 인정받고자 하는 욕구는 '누구에게나 어느 정도는 있다' 고 말합니다. 당신이 인정할 땐 전혀 듣지 않더니 권위가 있는 사람의 말을 듣고 태도가 돌변하는 모습에 기분이 썩 좋지는 않았을 테지만, 그만큼 인정욕구가 강한 사람이라는 얘기겠지요. 그런 사람의 문제는 오늘 강연 내용처럼, 상황에 따라 타인을 '친구'로 생각하기도, '적'으로 생각하기도 한다는 점입니다.

A 그 사람이 그렇게 생각하는 이상 딱히 할 수 있는 일은 없습니다. 하지만 어쩌다 인정을 받았다고 해서 그 성공이 쭉 이어지리라는 보장은 없죠. 만일 여전히 그 사람과 친구 관계를 유지할 생각이라면 다음에 그분의 작품이 인정받지 못하는 상황이 닥쳤을 때, 무슨 일이 있어도 그 사람의 친구가 되어 주겠다는 결심을 하면 좋을 것 같군요.

지금은 당신의 말에 귀를 기울여주지 않더라도 다시 돌아올 때가 있으리라고 생각합니다. 그 사람과 '친구'가 되고자 한다면 어떤 상황에서든 '나는 당신의 친구다'라고 생각하려는 결심을 할 수밖에 없습니다.

A 타인이 어떻게 느끼고 어떻게 생각하는지는 상대방의 과제이지

기본적으로는 나의 과제가 아닙니다. 이것이 '과제의 분리'입니다. 과제의 분리가 중요한 이유는 우리는 기본적으로 상대방의 느낌이나 생각이 내게는 이해하기 어려울 수 있다는 의식을 가지고 있는데 과제의 분리는 여기에서 출발하기 때문입니다.

그러므로 자신이 무언가를 이해하고 느끼는 방법과는 상당히 다를 수도 있다는 점을 인정한 후에 필요하다면 상대방을 더욱 잘 이해하려고 노력하면 됩니다. 부모와 자식 간이면 특히나 더 그렇겠지요. 아이가 하는 말을 전혀 모르겠다는 생각으로는 아무것도 해결되지 않습니다. "너는 그렇게 생각하는구나." 하고 먼저 말하는 수밖에 없지요. 부모든 아이든 서로의 느낌이나 생각을 더 깊게 알고 싶다고 생각해선 안 될 이유는 없으니까요.

대부분의 부모는 자기 아이에 대해서 잘 안다고 생각합니다. "내 아이는 부모인 내가 제일 잘 알아요."라고 말하는 사람이 많은데, 만일 부모가 정말로 아이의 모든 것을 알고 있다면 아이는 문제 행동을 일으키지 않습니다. 모르기 때문에 아이가 문제 행동을 일으키는 것입니다.

'과제의 분리'는 모른다는 것에서부터 시작합니다. 그런 후에 어떻게 하면 서로 잘 이해할 수 있을까를 더듬어 가며 상대방과 협력 작업을 하는 가운데 일치점을 찾아냄으로써 이해에 가까워져 가는 것, 그것이 '공감'입니다. 그때 '만일 나라면' 하는 생각으로는 상대방을 이해할 수 없으므로, 자신에게는 이해가 어렵더라도 상대방 입장에 서 보는 형태로 협력 작업을 해 나가야 합니다.

상대를 모른다고 생각하는 편이 절대적으로 안전하지요. 다 안다고 생각하면 그대로 끝이니까요. 다른 사람이 나에 대해서 다 아는 것처럼 말하면 기분이 썩 좋지는 않잖아요. "나는 너에 대해서 누구보다도 잘 알아."라는 얘기를 들으면 "그럴 리가." 하고 말하고 싶어집니다. 하물며 본인도 자기 자신을 잘 모를 수 있으니까요. 결론은 서로 이해 못 한 상태를 그대로 방치하는 것은 좋지 않으므로, 역시 필요에 따라서 제대로 타협점을 찾아갈 수밖에 없다는 의견입니다.

Q 저는 '노(能)[1]'를 잘은 모릅니다만, 저승과 이승의 연관에 관한 내용이 무대에서 연출된다는 얘기를 들은 적이 있습니다. 그때 든 생각이 선생님이 지금까지 설명하신 '죽음'에 관한 것입니다. 돌아가신 어머님의 얘기를 예로 드셨는데, 선생님이 하신 어머님을 생각함으로써 어머님을 계속 살게 한다는 말씀은 동양적인 아이디어라는 생각이 들었습니다. 서양의 사고방식은 삶과 죽음을 분리하여 죽으면 사라진다고 여기는 데 반해

---

1 일본의 전통 가면극

세 번째 수업. 우리는 모두 '타인의 타인'이다

서 일본의 경우는 윤회전생과 같은 표현에서도 알 수 있듯이 죽음과 삶의 세계가 연결되어 있다는 사고방식인가 하는 생각이 들더군요. 그 점이 흥미롭기도 하고 의문으로 여겨지기도 했습니다.

A 그리스의 경우는 이렇다고 일괄적으로 얘기하기는 어렵습니다만, 그리스에서도 영혼은 불사(不死)가 아니라는 사상이 매우 지배적이었습니다.

소크라테스가 옥중에서 영혼의 불멸에 대해 주변에 모인 사람들과 격론을 벌입니다. 소크라테스는 끈기 있게 영혼의 불멸을 논증하지요. 그리고 논쟁이 끝난 것처럼 보일 즈음, 여전히 납득하지는 못했으나 이제 곧 죽게 될 사람에게 '영혼은 불멸하지 않는다'고 굳이 반론해야 할까 싶어 망설이는 사람에게 소크라테스가 남아 있는 의문이 무엇인지 다시 묻습니다. 이렇듯 영혼이 불사한다는 사고방식은 그리스에서도 일반적이지는 않았던 것 같습니다.

그런데 그리스에서는 죽은 자와 그를 지키는 가족이 그려져 있는 도자기가 여럿 발견됩니다. 어떻게 죽은 자임을 아냐면 그림 속 사람들이 대면하지 않고 각각 다른 방향을 보고 있기 때문입니다. 이런 그림의 존재는 방금 전 얘기와는 반대로 죽은 자는 저승과 같은 다른 장소에 있는 것이 아니라 살아있는 사람과 같은 장소에 있다고 하는 감각을 많은 그리스인이 공유하고 있었음을 보여 주지요.

그렇게 느끼고 생각하는 편이 이해가 쉽겠죠.

제 경우에는 어머니가 돌아가신 후에도 한동안 어머니의 숨소리가 들렸습니다. 어머니를 간병할 당시 평일에는 쭉 병상을 지키다 주말이면 집에 다녀왔지요. 함께 있을 때는 갑자기 상태가 악화해도 함께 병마와 싸우는 느낌을 받을 수 있었으므로 크게 무섭거나 하지는 않았는데, 월요일 아침 일찍 병원으로 돌아갈 때면 내가 없는 동안 혹시라도 큰일이 있었던 건 아닐까 싶어 겁이 나곤 했죠. 병원에 도착해서 어머니가 거칠게나마 숨을 쉬고 계시면 그제야 비로소 안심이 되었습니다.

그때의 어머니의 숨소리가 계속 귀에 남아 있었을지도 모릅니다. 합리적으로 설명하자면 말이죠. 어머니가 돌아가신 후 집에 아내와 저 둘밖에 없는데도 제 것도 아내 것도 아닌 다른 누군가의 숨소리가 들렸습니다. 정신과 의사는 환청이라고 말할지도 모릅니다만, 저는 그때 분명히 어머니를 느끼고 있었습니다. 그런 경험에서 죽은 사람과 산 사람은 다른 세계가 아니라 비교적 가까이에 있는 게 아닐까 하는 생각을 하게 되었지요. 어쩌면 노(能)의 세계 역시 그런 것을 표현하려는 것인지도 모르겠습니다. 이같이 생각하면 죽음을 바라보는 시각이 상당히 달라집니다.

장례식 때 죽은 사람이 사용했던 그릇을 깨거나 관에 못을 박는 절차는 돌아오지 말라는 의미입니다. 과혹하다 싶을 수도 있겠으나 그런 측면도 있음이 사실입니다. 죽은 사람은 우리 가까이에 있다고 생각합니다. 하지만 우리가 치르는 장례식은 어떤 의미에서는 산 자와 죽은 자를 구분하는 의식일지도 모르겠습니다.

시게마츠 기요시(重松 清)의 소설 중에는 암에 걸려 남편보다 먼저 세상을 떠난 아내의 이야기가 있습니다(『그날이 오기 전에』). 아내가 자신이 죽으면 남편에게 전해 달라며 간호사에게 편지를 남기죠. 남편은 아내가 죽은 후 간호사로부터 편지를 건네받습니다. 그 편지에는 이렇게 쓰여 있었습니다.

"잊어도 괜찮아요."

죽은 사람은 잊히기를 바라는지도 모릅니다. "사람은 두 번 죽는다."라는 말이 있는데 정말 그런 것 같습니다. 남겨진 사람은 애써 떠올리겠지만, 잊는다고 해서 결코 매정한 것은 아닙니다. 그래야만 잘 살아갈 수 있습니다. 산 사람은 새롭게 인생을 살아가야 합니다. 시간이 지나 죽은 사람을 예전처럼 항상 떠올리지 않게 되는 것은 오히려 건전하다고 생각합니다. 그래도 생각이 날 땐 생각하면 됩니다. 슬플 때 슬퍼하다 보면 슬픔에서 벗어날 수 있습니다. 저는 어머니가 돌아가신 후 10년간 쭉 어머니 꿈을 꿨습니다. 꿈 속에 나오는 어머니는 죽은 사람임이 틀림없었죠. 그리스의 도자기 그림 속 사람들과 마찬가지로 딴 곳을 바라보고 계셨거든요. 그래서 어머니가 살아계시지 않음을 꿈속에서도 알았습니다. 그런 꿈을 10년간 계속 꾸다가 마침내 10년이 다 지났을 무렵에야 꾸지 않게 되었지요. 죽은 사람의 꿈을 꾸는 것은 그 사람과 못다 한 일이 남아 있다는 얘기입니다. 그런 시기는 반드시 있습니다.

인간은 오랜 기간을 살다 갑니다만, 남겨진 사람은 그 마지막 '죽음'에 얽매이는 일이 많습니다. 죽음도 인생의 한 가지 에피소드입니다. 그러므로 거기에 얽매이면 죽은 사람의 인생 전체를 들여다볼 수가 없습니다.

사랑하는 사람을 앞서 보낸 사람은 누구나가 좀 더 잘해 주지 못했음을 후회합니다. 부모님 간병을 해본 사람은 물론 특히 스스로 목숨을 끊은 사람의 가족들이 느끼는 슬픔과 후회는 이루 말할 수가 없지요. 하지만 죽음은 인생의 마지막 형태일 뿐, 고인의 인생 에피소드는 그것 말고도 많습니다. 즐거웠던 일도 많았을 테니, 그쪽으로 눈을 돌린다면 언젠간 죽은 사람을 떠올려도 눈물보다는 미소가 떠오르는 그런 날이 분명히 오겠지요.

가까운 사람과의 이별이 인생에 자주 있어서는 곤란하겠지만, 경험을 안 할 수는 없는 일입니다. 그것을 불교에서는 생로병사라고 말하죠. 삶은 고통이라는 말입니다. 하지만 삶이 고통의 연속이라고 해도 결코 불행은 아닙니다.

네 번째 수업 ————————————————————

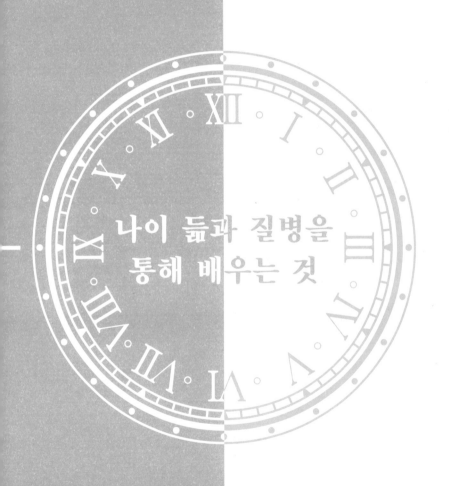

나이 듦과 질병을
통해 배우는 것

——————————— 인생의 앞길이 가로막혔을 때

오늘의 주제는 나이 듦과 질병입니다. 먼저 몸을 다친 경우에 관한 얘기부터 시작해 보겠습니다. 저는 중학교 2학년 때 교통사고를 당한 적이 있습니다. 오토바이와 정면충돌하여 바로 구급차에 실려 병원으로 옮겨졌죠. 의식불명의 중태에 빠지지는 않았고 조금 움직일 수 있었던 것 같습니다만, 사고 후 얼마간의 기억이 없습니다. 눈을 떴을 때, 간호사 선생님께 "아파요! 놔요!" 하고 소란을 피웠더랬지요. 오른팔과 골반의 골절로 전치 3개월이라는 진단을 받았는데 결과적으로는 열흘 만에 퇴원했습니다. 물론 골절은 금방 낫는 게 아니니 깁스를 한 상태였지요.

그때 다행히 죽지는 않았습니다만, 한동안 왜 죽지 않고 살았을까 하는 의문에 시달렸습니다. 그리고 사고 후의 인생은 다시 주어진 남은 생이라는 결론에 이르렀지요. 사고를 당한 게 무섭기도 했지만, 그보다 더 겁이 났던 것은 제 인생에 자신이 무엇을 했는지 모르는 시기가 있다는 사실이었습니다. 자신의 행동에 책임을 질 수 없다는 것이 더 두려운 일이더군요. 사고를 겪으면서 저는 여러 가지 것에 대해 생각하기 시작했습니다.

네 번째 수업. 나이 듦과 질병을 통해 배우는 것

젊은 사람은 내일이 오는 걸 당연하다고 여기겠지만, 교통사고를 당하거나 꼭 사고가 아니더라도 어떤 병에 걸리거나 했을 때, 지금껏 당연하게 여겼던 내일이라는 날이 오지 않을 수도 있다는 생각에 이르게 됩니다. 내일이라는 날의 자명성(自明性)이 무너지는 것이죠.

인생의 앞길을 가로막는 사건에 직면했을 때, 우리는 도대체 어떻게 생각해 나가야 하는지, 그 방법을 이야기해 보고자 합니다. 나이 듦이나 질병이라는 단어는 그다지 좋은 의미로 사용되지는 않습니다. 긍정적으로 생각하기는 매우 어렵겠지만, 그렇다고 해서 부정적인 시각으로 봐야만 하는 것은 아니라고 생각합니다.

젊은 사람에게는 늙는다는 게 뭔지 잘 상상이 안 될 수도 있습니다만, 설령 젊다고 해도 몸이 아프면 이른바 급격한 노화를 체험하게 됩니다. 몸을 움직이지 못하는 것도 일종의 노화라고 할 수 있지요. 물론 젊은 사람은 병이 다 나으면 다시 원래의 젊은 사람으로 되돌아갈 수 있으니 고령자만큼의 절실함은 없을지도 모르겠습니다. 그래도 상상력을 발휘해 가며 강연 내용을 따라와 주시면 좋겠습니다.

나이 듦을 체험으로 이해하는 것은 인생 후반의 일입니다. 젊을 때, 나이 듦이라는 현실을 접하는 방법은 가족이 차츰 나이 들어가는 모습을 지켜봄으로써 가능하죠. 제 경우는 할머니가 뇌경색으로 쓰러지신 후 그대로 자리보전하게 되면서 나이 듦의 의미를 어렴풋이 알게 되었습니다.

할머니가 건강하셨을 때 저를 많이 아껴 주셨는데 아파서 누워 계신 후로는 할머니 방에 발을 들여놓기가 겁나서 한 번도 들어가지 못했습니다. 이제 와 새삼 너무했다는 생각이 듭니다. 어머니가 간병을 하셨는데 많이 힘드셨으리라는 걸 이제는 압니다. 몸져누우신 할머니가 더 이상 건강했을 무렵의 할머니가 아니라는 사실을 받아들이기까지 상당한 시간이 걸렸습니다.

아버지가 늙어 가는 모습에도 충격을 받았습니다. 아버지가 언제부터인지 당신의 몸 상태에 대해서, 그리고 아프다는 얘기를 전화로 절절히 호소하시더군요. 목소리에 힘이 없고 활기가 없으셨지요. 그런데 제가 심근경색으로 쓰러지자 정신을 차리고 있어야겠다 싶으셨는지 갑자기 열 살이나 스무 살쯤 젊어지신 게 아닌가 싶을 정도로 건강해지셨습니다. 부모는 내 자식이 이제 괜찮다, 걱정 안 해도 되겠다 싶으면 급격하게 늙어 갑니다. 반대로 아직 우리 아이에게는 내가 없으면 안 된다고 생각하면 건강해지는 것 같습니다.

아버지는 기력을 되찾으신 듯했고 저는 몸이 아파서 자주 연락을 드리지 못하는 상황이 이어졌지요. 하지만 당시 혼자 지내시던 아버지는 건강해지신 게 아니었습니다. 연락이 뜸했던 동안 치매가 진행되어 더는 혼자 못 지내실 상태가 되어 있었더군요.

오랜만에 본 아버지의 머리카락은 새하얗게 변해 있었지요. 그토록 건강하셨던 아버지의 모습은 온데간데없이 많이 늙으셨더라고요. 그런 아버지를 보니 좀 더 일찍 찾아뵈었어야 했는데 싶어 후회가 밀려오더군요.

이처럼 가족이 늙어 가는 모습을 옆에서 지켜보면 자기 자신이 마침내 어떻게 될지를 상상할 수 있습니다. 아마도 저뿐만 아니라 여러분도 부모님이 나이 드셨다는 걸 알아차리는 순간 크든 작든 충격을 받으리라 생각합니다. 충격을 받는다는 것은 역시 나이를 먹는 것에 대해서 그다지 좋은 이미지를 갖고 있지 않다는 뜻이 되겠네요.

사이토 모키치(淸藤 茂吉)라는 단카(短歌)[1] 시인을 아시는지요? 그의 아들이 바로 기타 모리오(北 杜夫)입니다. 소설가를 꿈꾸는 문학

---

1 하이쿠(俳句)와 더불어 일본의 전통적 시가를 대표하는 정형시로 5구 31음절로 되어 있음.

지망생이었을 당시 기타에게 가장 많은 영향을 준 사람은 아버지이자 시인인 사이토 모키치였습니다. 기타는 후에 자신이 문학에 뜻을 두기 전에는 아버지가 그저 무섭고 거북하기만 한 존재였는데, 어느 순간부터 존경하는 시인으로 바뀌어 있었다고 회상합니다(청년 모키치(清年茂吉)).

그는 아버지의 단카를 흉내 내며 본인의 시를 짓곤 했다고 하지요. 그는 아버지에게 비치는 노년의 그림자를 놓치지 않았습니다. 아버지가 산책할 때 항상 들고 다니시는 수첩을 몰래 보면서 거기에 쓰인 시를 읽고 여전히 왕성한 창작 의욕이 엿보이면 안도하고, 반대로 신통치 못한 시를 발견하면 아버지가 쇠약해지시는 것 같아 걱정했다고 합니다. 이처럼 부모님이 늙어 가는 모습을 직접 보게 되면 나이 듦에 대해서 부정적인 이미지를 갖게 됩니다.

보다 실감이 나도록 늙어 감의 과정을 떠올려 볼까요? 먼저 몸이 허약해져 갑니다. 작은 글자가 잘 안 보이고 치아가 약해져서 빠지기도 하며, 귀가 잘 안 들리게 되죠. 여성의 노화에 관해 아들러는 다음과 같이 설명했습니다. "젊음과 아름다움에만 자신의 가치를 인정해 온 여성은 갱년기가 되면 남의 이목을 끌 방법에 괴로워하고, 또 종종 자신이 나쁜 짓을 당하기라도 한 것처럼 적의에 찬 방어 태도를 보이며 불쾌해할 뿐 아니라, 심지어는 불쾌한 기분을 넘어서 우울증에 걸리기도 한다."(아들러 삶의 의미(Der Sinn des Lebens)) 그냥 괴로워하는 게 아니라, '남의 이목을 끌 방법' 때문에 괴로워한

네 번째 수업. 나이 듦과 질병을 통해 배우는 것

다고 합니다.

일을 마치고 집에 돌아오면 꼭 아내가 거울을 보면서 "나 예뻐요?" 하고 잠자리에 들 때까지 계속 물어봐서 힘들다던 남성이 있었습니다. 그의 아내가 바로 남의 이목을 끌 방법 때문에 괴로워하는 여성이었던 셈이지요.

또한, 쇠약해지는 것은 신체뿐만이 아닙니다. 기억력이 나빠졌다는 사람도 많습니다. 얼굴은 생각나는데 이름이 생각나지 않을 때도 있고, 부엌에 있다가 서재에 책을 찾으러 갔는데 뭘 하려고 했었는지 까먹는 일도 종종 있지요. 이런 날이 거듭되다 보면 나이 듦을 실감하지 않을 수 없습니다.

여담이지만 여기서 젊었을 때와 같은 기억력이 없어졌다는 생각은 사실이 아닐지도 모릅니다. 젊을 때와 마찬가지로 진지하게 무언가를 배운다면 젊을 때와 다름없이 그 과정이 몸에 익게 마련이거든요. 그런데 노력도 하지 않고 기억력이 떨어졌다고들 말하죠.

가치의 저하

나이를 먹거나 병에 걸리는 것이 신체적인 또는 정신적인 기능의 열화나 퇴화일 뿐이라면 큰 문제는 없습니다. 더욱 큰 문제는 늙은 나이와 병 때문에 자신의 가치가 떨어졌다고 생각하는 태도이지요. 아들러는 신체가 약해지거나 나이와 더불어 건망증이 심해지고 나아가 그로 인해 생활에 지장이 생기면 자신을 과소평가하게 되어 '열등감'을 가지게 된다고 말합니다.

열등감에는 건전한 유형과 그렇지 않은 유형이 있습니다. 아들러는 열등감은 보편적이라고 말합니다. 즉 열등감은 누구에게나 있으며 열등감이 없는 사람은 없다는 얘기입니다.

일어서지 못하는 아이, 걷지 못하는 아이가 일어서고 싶다거나 걷고 싶다고 생각해서 열심히 노력을 하는데도 자신이 걷지 못하면 자신이 열등하다고 느낍니다. 하지만 아이가 노력해야겠다는 생각을 갖게 하는 그런 열등감은 건전합니다.

반대로 남과의 경쟁을 부추기는 열등감은 이미 건전한 열등감이 아니지요. 부모는 자기 아이보다 늦게 태어난 아이가 일어서서 걷기 시작하는 모습을 보면 자기 아이가 다른 아이보다 뒤처졌다고 느끼곤 합니다. 그래서 아이가 하루라도 빨리 걷도록 마구 독려합니다. 아이가 타인과의 관계 속에서 자신이 뒤떨어진다고 느끼고 타인을 이기려고 한다면 그것은 건전한 열등감이라고 할 수 없습니다.

열등감과 대조를 이루어 쓰이는 말이 '우월성 추구'입니다. 우수해지고자 노력하는 것이죠. 아들러는 열등감과 한 쌍으로 이 말을 사용했습니다. 이 경우에도 건전한 우월성 추구와 그렇지 않은 우월성 추구가 있습니다. 전자는 인간이 무력한 상태에서 그렇지 않은 상태가 되고자 하는 마음을 이행하는 것입니다. 갓 태어난 아기는 지속적인 도움이 없으면 한시도 살아갈 수 없습니다. 그런 상태에서 벗어나려고 하는 우월성 추구는 건전하다고 해도 되겠지요.

또한, 아들러에 따르면 우월성 추구는 뭔가를 하고자 하는 동기부여가 된다고 합니다. "모든 사람의 동기부여, 우리가 우리 문화에 기여하는 온갖 공헌의 원천은 우월성의 추구이다."라고 아들러는 표현하고 있습니다(『아들러 인생방법 심리학(What Life Should Mean to You)』). 이러한 우월성 추구가 더 나은 세상을 꿈꿨던 천재들로 하여금 여러 가지 기구를 발명하고 여러 학문을 발전시키도록 했던 것입니다.

문제는 위와 같은 설명에 이어 아들러가 "인간 생활의 전체는 이러한 활동의 선(線)에 따라, 즉 아래서 위로, 마이너스에서 플러스로, 패배에서 승리로 나아간다."라고 말했다는 점입니다. 또, "인생은 진화하는 것이다."라고도 말했죠.

아직 걷지 못하는 아이가 일어서서 걷는 노력을 하는 모습은 '아래서 위로, 마이너스에서 플러스로'라는 이미지와 일치하는 듯합니다. 그런데 '패배에서 승리로 나아간다'는 말은 무슨 뜻일까요? 아이가 일어서지 못하는 상태는 패배일까요? 일어서면 승리를 거머쥐는 것이 될까요? 저는 이런 시각은 잘못됐다고 생각합니다.

또한, 나이를 먹거나 몸이 아파서 여러 가지 일을 못 하게 되는 것도 마이너스일 수는 있지만, 패배인가 하는 점은 생각해 볼 문제입니다. '아래에서 위'라는 말도 모호합니다. 이처럼 상승과 하락 이미지의 단어를 사용하면 나이를 먹고 늙는 경우뿐 아니라, 젊은 사람이 병에 걸려 갑자기 무능해진 경우도 있을 텐데 그럼 그럴 때도 하락이나 마이너스라는 말을 적용할 수 있을지, 저는 그것도 아니라고 생각합니다.

아들러가 주장하는 '우월성 추구'라는 사고방식에는 몇 가지 문제점이 있습니다. 치료하면 낫는 병도 있지만, 회복할 가망이 없는 병도 있지요. 그런 병에는 치료나 재활이 무의미하냐 아니냐 하는 생각도 검토해 봐야 하는 문제입니다.

이러한 아들러의 사고방식에 대해서는 당연히 일종의 비판이랄까요, 정정하려는 시도가 이루어져야 합니다. 아들러는 빈에서 활동하다 후에 뉴욕으로 활동 무대를 옮기는데, 그때 아들러가 하던 일을 인계받은 리디아 지허(Lydia Sicher)가 방금 설명한 문제점을 지적합니다.

'우월성 추구'라는 말을 사용하면 반드시 상하 이미지를 채용하게 됩니다. 그것은 비유하자면 사람이 사다리를 오르는 모습과 같습니다. 위로 올라가기 위해서 위에 있는 사람을 끌어내려야 하는 세상이 지금의 경쟁 사회입니다. 위에 아무도 없다면 좋겠지만, 반드시 누군가는 있게 마련이지요.

앞서 봤듯이 아들러는 '인생은 진화하는 것'이라고 말했습니다만, 지하는 이 진화에 대해서 위를 향한 움직임이 아니라 앞을 향한 움직임이며 여기에 우열은 없다고 생각했습니다. 위아래가 아니라 어떤 사람은 뒤를, 또 어떤 사람은 앞을 걸어가고 있다는 얘기지요. 평면에서 보면 우열은 없고, 앞선 사람과 뒤따르는 사람이 있는 정도의 차이일 뿐입니다. 빨리 걸을 수 있는 사람이 있는가 하면 천천히 걸을 수밖에 없는 사람도 있으며, 그것은 그저 차이일 뿐 우열은 아니라는 의견이 지하의 생각이었습니다.

그런데 여기서 여러분은 앞을 걷는 사람과 뒤에서 걷는 사람에게서 어떤 이미지가 떠오르는지요? 저는 아직도 우열의 이미지를 떨쳐낼 수가 없습니다. 아무래도 앞에서 빨리 걷는 사람이 우수하다는 생각이 들거든요. 왜일까요? 바로 '진화'라고 생각하기 때문에 문제가 되는 것입니다. '진화'라고 말해 버리면 질병이나 나이 듦은 '퇴화'일 수밖에 없습니다. 지하가 설명한 이미지에 따라 생각을 해봐도 역시 후퇴하는 것이 되고 맙니다.

그렇다면 어떻게 하면 좋을까요? 위 문제점을 근거로 나이 듦과 질병을 어떻게 받아들이면 좋을지를 고민하다가 저는 '진화'나 '퇴화'가 아니라 '변화'라고 보는 것은 어떨까 싶었습니다. 또 젊음과 늙음, 건강과 질병의 우열을 구분하지 않으면 되는 거죠. 그때그때의 상태를 인정하고 각각의 우열을 가리지 않으면 됩니다. 그러면 나이를 먹어서 혹은 아파서 여러 가지를 마음대로 못 하게 되더라도 그런 자신을 있는 그대로 받아들일 수 있으리라고 생각합니다.

이와 같은 맥락에서 자기 안의 이상(理想)을 내보내는 일도 중요합니다. 이것저것 다 할 수 있었던 이상적인 자신의 모습에서 못 하게 된 것들을 하나하나 뺄셈해 가면서 현실을 볼 필요는 없다는 말입니다.

한센병에 걸린 호조 다미오(北條 民雄)라는 작가가 있었습니다. 한센병은 지금이야 낫는 병이지만, 예전에는 치유가 어렵고 더불어 걸린 사람은 사회적으로 심한 차별을 받아 요양소로 격리되었지요. 그래서 그도 격리 요양소에서 생활했습니다. 호조의 작품 중에 『생명의 초야(いのちの初夜)』라는 단편 소설집이 있는데, 그 안의 「안대기(眼帶記)」에 이런 내용이 있습니다. "생명에 대한 애정만을 봐 와서 생명 그 자체의 절대적인 고마움을 알았다."

병에 걸리고 나서 비로소 건강의 고마움을 알았다고 흔히들 말하는데, 그것은 건강을 되찾는다는 전제조건하에 할 수 있는 이야기이지요. 당시 한센병은 불치병이었다는 점에 주목해 주시길 바랍니다. 호조는 책에서 회복 가능성과는 상관없이 생명 그 자체의 절대적인 고마움을 이야기합니다.

우리는 병에 걸려 아프든 아니든 살아있음에 감사해야 합니다. 나이를 먹고 늙는 것도 마찬가지입니다. 나이 듦은 불가역적인 일이므로 도로 젊어지는 길은 없습니다. 그런데도 회복되지 않는다고 또는 젊어지지 않는다고 절망에 빠져 있을 텐가요.

─────── 건강해지려고 사는 것이 아니다

건강해지려는 바람이 나쁜 것은 당연히 아닙니다. 건강을 지향할 수만 있다면 얼마든지 추구해도 좋습니다. 다만, 무엇을 위함인지를 생각해야 합니다. 건강이란 무엇인가? 그것은 이른바 '도구'라고 할 수 있습니다. 도구는 보다 좋은 상태인 편이 그렇지 않은 경우보다는 바람직하겠죠. 다시 말하지만 중요한 것은 건강하기를 바라는 이유를 제대로 곰곰이 생각해 봐야 한다는 사실입니다.

2019년도에 타이베이에서 고령자 문제와 관련하여 강연을 한 적이 있습니다. 강연자가 저 말고도 한 분이 더 계셨는데, 그분은 전직 대학교수로 고령자 문제의 전문가였습니다. 그 선생님께서는 건강하기 위해 노력해야 한다고 강조하시더군요. 틀린 얘기는 아닙니다만, 건강하기 위해 노력해야 하는 이유가 의료 자원이 한정적이기 때문이라는 생각에는 동의하기가 어렵더군요. 물론 의료 자원은 한정적입니다. 그렇다고 우리가 국가를 위해 병에 안 걸려야 하는 것은 아니죠. 어떤 문제를 생각할 때는 자기 편의에 따라 이중 잣대를 적용하거나 제삼자적 시각으로 문제를 봐서는 안 됩니다.

우리는 도대체 무엇을 위해 건강해지려고 하는 것일까요? 무슨 목적으로 건강해지려고 하는지를 생각해야 합니다. 건강해지는 것 자체가 목적은 아닙니다. 평소 약을 복용하시는 분들이 계실 텐데, 저도 심근경색을 앓고 나서부터 매일 약을 복용하고 있습니다. 약을 먹지 않으면 당장은 아니더라도 병이 재발할 수도 있거든요. 하지만 약을 복용하기 위해 살고 있는 것은 아닙니다. 또 약을 먹고 건강해지려고 살고 있는 것도 아닙니다. 우리는 행복해지기 위해 살아가고 있습니다. 그러므로 건강해지려는 노력이 행복으로 이어지지 않으면 의미가 없는 셈이지요.

건강을 목표로 삼아서 안 될 이유는 없습니다만, 건강이 무얼 위한 것이냐 하는 목표를 잃어버리면 얘기가 이상한 방향으로 흘러갑니다. 건강해지지 못한다고 해서 우리가 행복해질 수 없는 것은 아닙니다. 건강은 행복하기 위한, 행복하게 살아가기 위한 하나의 수단에 지나지 않습니다. 그러므로 행복해지기 위해 꼭 건강해야만 하는 것은 아니죠. 다시 말해 건강이 행복의 필수조건은 아니라는 이야기입니다.

아들러나 플라톤은 원인론의 입장에 서지 않습니다. 인생의 앞길을 가로막는 질병이나 나이 듦, 사고로 인한 부상과 같은 것이 불행의 원인은 아니며, 같은 일을 경험해도 그것을 어떻게 받아들이느냐는 사람에 따라 다릅니다. 행복과 불행은 어떤 일을 겪고 말고에 달려 있지 않습니다. 병들거나 다치거나 늙는다고 해서 반드시 불행한 것은 아니라고 보는 시각이 목적론적인 사고의 예시이며, 이 같은 사고의 목적은 행복해지는 것이라는 말씀을 거듭 드려 왔습니다.

목적이라고 하면 미래에 있다고 생각하기 쉽지요. '인생은 진화하는 것'이라거나 '목표를 향한 움직임'과 같은 표현을 쓰고 있는 걸 보면 아들러 역시도 목표는 먼 미래에 있는 것이라고 여긴 듯합니다.

자, 여러분 기억을 떠올려 보세요. 앞서 말씀드렸다시피 미키 기요시는 행복은 존재라고 말했습니다. '지금 여기, 바로 이 순간 사람은 행복하다'라는 사고방식입니다. 그러므로 뭔가를 달성하지 못한다고 해서 행복해지지 못하는 것은 아닙니다. 행복이 곧 목적이죠. 행복은 먼 미래에 있는 게 아니라 바로 지금 여기에 있습니다.

나이가 들어도, 병이 들어도 가치는 사라지지 않는다

이번에는 '미래'에 관해 생각해 보기로 하겠습니다. 미래는 사실 없습니다. 이번 강연 서두에서도 말씀드렸듯이 내일이라는 것에 자명성은 없습니다.

막연히 앞날을 상상해 보게 됩니다만, 앞으로의 인생은 없다고 하는 현실에 직면합니다. 그러므로 미래는 단적으로 말해 없습니다. 아직 오지 않은 것이 아니라 처음부터 '없는' 것이지요. 존재하지도 않는 미래의 희망을 추구하는 일은 아무 소용이 없습니다. 그러니 미래가 되었을 때 비로소 행복해지리라 생각할 게 아니라, 지금 여기서 행복을 찾아야 합니다.

다시 말해 병에 걸리든 건강을 잃든 간에 나아가 신체 기능뿐 아니라 정신 기능마저 쇠했다고 할지라도 우리의 행복이 망가지는 일은 추호도 없다는 말입니다.

『미움받을 용기』를 읽으신 분들은 아시겠지만, 철학자가 '타자공헌'을 설명하는 장면에서 '길잡이별'이 등장합니다. 북극성을 말하는 것이지요. 여행자는 길잡이별만 놓치지 않으면 결코 길을 헤맬 일이 없습니다. 이것은 책에 등장하는 '철학자'의 독창적 표현이 아니라, 아들러가 실제로 했던 말입니다(『아들러 삶의 의미(Der Sinn des Lebens)』).

혹시 알고 계실지 모르겠습니다만, 그 책에서는 철학자만이 철학 또는 아들러 심리학에 대해서 말하고 있는 것이 아닙니다. 대화자인 청년 역시 '길잡이별'에 대해서 "지금 여기는 환하게 빛나고 있다."라는 말을 하지요. 그것은 앞날이 아니라 바로 지금 여기서의 '타자공헌'을 의미합니다. 자신이 지금 이렇게 살아있는 것이 타인에게 공헌하는 일이라고 여기는 것, 바로 그것이 우리네 인생의 길잡이별, 다시 말해 인생의 목적입니다. 그리고 그걸 알면 행복할 수 있습니다. 그러니 어떤 상태에서나 타자공헌이 가능함을 깨닫는다면 건강을 잃었든 불치병에 걸렸든 행복할 수 있습니다.

아들러는 이렇게 말합니다. "중요한 것은 무엇이 주어졌느냐가 아니라 주어진 것을 어떻게 활용하느냐다."(『왜 신경증에 걸릴까(Problems of Neurosis: A book of case-histories)』) 여하튼 나이를 먹고 여러 가지를 할 수 없게 되더라도 그런 자신의 상태를 있는 그대로 받아들이고, 또 그 상태에서 할 수 있는 것을 찾아 해나가는 수밖에 없습니다.

아무것도 못 하게 되었다고 해서 자신의 가치가 사라지는 것은 아닙니다. 그러나 포기하지 않는 삶의 태도도 중요하지요. 제 어머니는 뇌경색으로 쓰러지시면서 아무것도 할 수 없게 되었습니다. 처음에는 예후가 좋아서 머잖아 퇴원할 수 있으리라 믿었죠. 그런데 한 달 정도 지나 다시 발작을 일으킨 후부터는 점점 병세가 나빠지시다가 끝내 의식을 잃고 말았습니다.

어머니가 의식을 완전히 잃기 전, 어느 날 제게 독일어 책을 가져다 달라고 하시더군요. 그 책은 제가 대학생 때 어머니께 독일어를 가르쳐드리면서 사용했던 교재였습니다. 다시 공부하고 싶다고 하셔서 알파벳부터 새로 함께 공부를 시작했지요.

차츰 의식이 더 흐려지자 공부를 이어가기가 힘드셨는지, 이번에는 도스토옙스키의 『카라마조프 가의 형제들』을 읽고 싶다며 부탁을 하시더군요. 어느 여름날 제가 책에 빠져 정신없이 읽던 모습을 기억하고 계셨나 봅니다. 그래서 책을 읽어드렸습니다만, 얼마 못 들으시고 꾸벅꾸벅 조시는 모습에 그것도 그만두었습니다.

어머니는 병으로 쓰러지시고 얼마 안 되었을 때, 몸이 마음대로 움직이지 않자 손거울로 바깥 경치를 보려고 부단히 애쓰시기도 하셨습니다. 병상에서도 삶의 의욕을 잃지 않는 어머니를 보며 가족들도 용기를 얻었지요. 그때 저는 인간은 어떤 상태에서든 자유로이 있을 수 있음을 배웠습니다.

병에 걸려 몸이 아프다고 해서 자신의 가치가 사라지는 것은 아니라는 말씀을 드렸습니다. 그러니 할 수 있는 게 있다면 그 일을 하면서 삶을 포기하지 않는 인생을 향한 태도를 보이는 것이 타인에게 용기를 주는 일이라고 생각합니다.

미리 말씀드리지만, 몸이 아파서 타인에게 폐를 끼친다는 생각은 말아야 합니다. 앞서도 얘기했듯이 질병이나 나이 듦에 대한 부정적 이미지 때문에 연명 치료를 거부하는 사람이 많습니다. 신앙적인 이유에서가 아니라, 대개 증세가 심각해지면 다른 사람이나 가족에게 폐를 끼치게 될까 봐 그런 것이죠.

병이 들면 다른 사람에게 피해를 주게 된다는 생각은 옳지 않음을 아셔야 합니다. 부모님을 간병해야 하는 상황이 되었을 때, 혹시라도 부모님이 그런 말씀을 하신다면 단호하게 아니라고 얘기해 드리세요. 물론 여러분 역시 그런 입장에 놓일 수도 있습니다.

아픈 사람은 간병이나 간호를 하는 가족이 공헌감을 느낄 수 있도록 공헌하고 있는 셈입니다. 부모님을 보살핌으로써 공헌감을 느낄 수 있게 되면 자신에게 가치가 있다고 생각할 수 있습니다. 자신에게 가치가 있다는 생각이 들면 용기를 가질 수 있지요. 미야자와 겐지의 「영결(永訣)의 아침」이라는 시를 보면, 겐지가 간병하던 두 살 아래 여동생 도시코가 진눈깨비 내린 어느 날 아침 "눈송이 담아

가져다주세요."라고 오빠 겐지에게 부탁을 합니다. 겐지는 시를 통해 그것은 '나의 일생을 밝혀 주기 위한 것'이었다고 말하죠.

어쩌면 도시코는 오빠에게 폐를 끼치고 있다고 생각했을지도 모르겠습니다. 하지만 오빠 겐지의 입장에서는 동생을 위해 뭔가를 할 수 있고 그렇게라도 동생을 기쁘게 할 수 있다는 사실에 공헌감을 느꼈을 겁니다.

'몸의 소리'에 귀를 기울인다

앞서 "중요한 것은 무엇이 주어졌느냐가 아니라 주어진 것을 어떻게 활용하느냐."라는 말씀을 드렸습니다. 병을 진단받은 상태에선 그 상황은 이미 자신에게 주어진 일이므로 받아들일 수밖에 없습니다. 하지만 지금 건강하다면 병에 걸리지 않도록 노력해야 합니다. 그러려면 '몸의 소리'에 귀를 기울여야 하지요. 몸에 이변이 일어났음을 재빨리 알아차려야 한다는 말입니다. 그런데 알아차렸을 땐 이미 늦은 경우가 많습니다. 혹시라도 죽음에 이르는 병을 통보받게 될까 봐 겁이 나서 우리 몸이 보내는 이상 신호를 모른 체하다가 때를 놓치게 되는 것이죠. 하루하루 병원에 가는 일을 미루다가 돌이킬 수 없는 상황에 이를 수도 있습니다.

네덜란드의 정신병리학자 판 덴 베르흐(Jan Hendrik van den Berg)는 "정말로 건강한 사람은 다치기 쉬운 신체를 가지고 있으며, 다치기 쉽다는 사실을 그 자신도 알고 있다. 이것은 일종의 반응성을 만들어 내고 있는 것이다."라고 말했습니다(「The Psychology of the Sickbed(병상의 심리학)」). 반응성을 뜻하는 '리스판서빌러티(responsibility)'는 보통 '책임'으로 번역됩니다만, 그 어원을 따져보면 '응답하는(response) 능력(ability)'을 의미합니다. 우리 몸이 자신에게 이상 신호를 보냈을 때, 그 신호에 응답하는 능력을 가리켜 'responsibility'라고 하는 것이죠.

의사가 중병을 선고한들 그것이 결코 패배가 아님을 안다면 비교적 냉정하게 몸의 소리에 귀를 기울일 수 있으리라고 생각합니다. 질병이나 나이 듦에 대해서는 부정적인 측면만을 보게 되는 경우가 많은데, 긍정적인 측면도 있습니다. 어떻게 하면 긍정적으로 바라볼 수 있을지 지금부터 생각해 보기로 하겠습니다.

──────── 병이 들었을 때, 나이가 들었을 때
사람은 무엇을 배울까

판 덴 베르흐가 이런 말을 합니다.

"모든 것은 시간과 더불어 움직이는데, 환자는 무시간(無時間)의 물가로 떠밀려 올라간다."

이 말은 내일이 온다는 사실이 결코 자명하지 않다는, 즉 '내일은 오지 않을지도 모른다'는 의미입니다. 이런 의미에서 시간의 흐름을 느낄 수 없는 '무시간의 물가'로 떠밀려 올라간다면 인생을 바라보는 시각이 달라지지 않을까요. 판 덴 베르흐는 다음과 같이 질문합니다.

"인생을 가장 심하게 오해하고 있는 이는 누구일까? 건강한 사람들이 아닐까?"

건강했을 때는 보지 못했던 것이 병상에 눕게 되었을 때 비로소 보이기 시작할지도 모르겠습니다.

젊어서 돌아가신 어머니는 알았는데 나는 몰랐던 것이 있을 수도 있다. 도대체 무엇일까? 병상에 누워 아무것도 못 하게 되었을 때, 저는 열심히 생각해 보았습니다. 오래 골몰한 끝에 몇 가지를 떠올렸는데 우선 하나는 인생의 의미였습니다. 인생에서 정말 소중한 것은 무엇일까 생각했죠. 또 하나는 '내일은 자명하지 않다'는 점이었습니다. 무시간의 물가로 떠밀려 내일이라는 날이 오지 않을지도 모르는데 그렇다면 이제 어떻게 살아가야 할까, 앞으로 가지고 살아갈 태도를 고민하게 만드는 것이 질병 또는 나이 듦이라고 생각했습니다.

그리고 또 하나가 있습니다. 이 점은 몰랐던 부분이라기보다 인식이 바뀐 부분인데, 바로 바람직하다 여기는 대인관계의 모습이 달라졌다는 점입니다. 몸이 아프면서 가깝게 지내던 사람과 멀어지거나 반대로 별로 친하다고 생각하지 않았던 사람이 사실은 자신을 소중히 여기고 있었음을 깨닫게 되기도 합니다.

심근경색으로 쓰러지기 직전, 한 친구로부터 모 대학에 교수로 임용되었다는 엽서를 받았는데 그때 민간에서 연구 활동을 하고 있었던 저는 스스로 선택한 길을 가고 있었음에도 왠지 친구에게 밀렸다는 생각이 들어 마음이 조금 편치 않더군요.

입원 후 간신히 침대에서 몸을 일으킬 수 있게 되었을 때, 친구가 보낸 엽서를 떠올리고 그제야 답장 메일을 보냈습니다. "이런 상태에서 사회에 복귀하기까지 얼마나 걸릴지 모르겠지만, 지금은 일을 생각하지 않고 쉬는 수밖에 없다네. 여러 가지로 많이 바쁠 텐데 아무쪼록 몸에 무리가 가지 않도록 조심하게나."라고요.

그날 밤 꿈에 친구가 나왔습니다. 제가 그에게 "축하하네. 정말 잘됐어."라고 말하자 친구가 이렇게 말하더군요. "솔직히 그 말을 해주고 싶었던 거 아니지 않나."

그런데 그 친구가 바쁜 와중에도 멀리서 병문안을 와 주었습니다. 친구의 얼굴을 본 순간 그의 소식을 기꺼이 기뻐해 주지 못했던 스스로가 너무 부끄러워 엉엉 울고 말았지요. 마지막으로 한 간호사님이 제게 해주신 말을 소개하면서 이번 강연을 마치도록 하겠습니다.

"살았으니 그것으로 됐다는 사람도 많아요. 그래도 환자분은 아직 젊으시니까 다시 산다는 생각으로 힘내 주세요."

'회복한다'라는 말은 사람에 따라 다르게 적용됩니다. 아프기 전과 다름없이 건강한 상태로 되돌아가는 경우가 있는가 하면 원래대로 돌아가지 못하는 경우도 있습니다. 그래도 병을 계기로 아프기 전에는 보지 못했던 것을 볼 수 있게 되기도 하고, 그로 인해 '다시 살아갈 수 있게 되기도 하는 것'입니다.

이치로와의 대화

Q 현상을 있는 그대로 받아들이고, 꼭 앞을 향해 나갈 필요는 없으며, 존재 그 자체가 감사한 일이라는 말씀이신 것 같은데, 두 가지 의문이 듭니다. 하나는 자기 자신과 관련한 측면에서, 또 하나는 타인과 관련한 측면에서의 의문입니다.

전자는 나태해지거나 향락적이고 찰나적인 것에 치중하게 되지 않을까 하는 의문이며, 후자는 생존 경쟁 사회 안에서, 예를 들어 직장에서 남보다 영업을 못해 실질적으로 수입이 줄어드는 등의 현실적 문제가 있습니다. 지금 이 두 가지 측면에서 존재 그 자체가 감사하다는 말을 어떻게 받아들이면 좋을까요?

A 먼저 자기 자신과 관련한 측면에서 말하면, 인생에서 아무것도 하지 않는 시기가 있어도 괜찮다고 스스로 생각하는 것입니다. 아무것도 하지 않는 상태를 악(惡)으로 여기지 않는 거죠. 병에 걸려 몸

이 아프면 좋든 싫든 앞으로 나아갈 수 없습니다만, 이 강연에서 여러 차례 말씀드린 바와 같이, 비록 몸이 아픈 상태라고 해도 살아있는 자체에 가치가 있으므로 그저 지금은 아무것도 손에 잡히지 않는 시기라고 생각하고 굳이 뭔가를 하려고 하지 않아도 된다는 말씀입니다.

종종 우울증을 앓고 있는 분을 상담하는데, 그분들이 표현하시길 우울증에 걸리면 평소에도 롤러코스터가 급하강하는 것 같은 공포감을 느낀다고 합니다. 그 공포에서 벗어나려고 발버둥 치면 가장 낮은 지점에서 멈춰 버리는 기분이라고요. 저는 그분들께 초조해하지 말 것을 권합니다. 발버둥 치는 것의 반대로 아무것도 하지 않으면 하강하는 에너지가 마침내 상승하는 에너지로 바뀌는 때가 올 테니까요.

구체적으로는 다음과 같이 조언합니다. 이를테면 여행을 추천하지요. 그러면 회사에서 급한 연락이 올지도 모른다는 말을 합니다. 그래서 휴대전화를 가지고 가는데 문제 될 게 있느냐고 하면 반드시 집에서 받아야 한다는 등의 이유를 대죠. 그런 식으로 밖으로 나가기를 망설이다가는 상태가 나아지지 않습니다. 우울증을 앓는 사람은 대개가 성실하기에 아무것도 안 해도 괜찮다는 마음을 갖는 일을 어려워하지요. 하지만 그런 생각을 하게 되고 나아가 여행을 떠날 수 있게 되면 우울증도 조금씩 회복됩니다.

한편, 타인과 관련한 측면에서는 예를 들어 '있는 그대로의 자신'

을 받아들이라고 말하면 향상심(向上心)[1]이 없어지는 게 아닐까 하고 생각하는 사람이 많습니다만, 상사가 현상의 자신을 받아들여 주고 있다는 사실이 부하 직원에게 전해지면 오히려 그 부하 직원은 다음 한 걸음을 내디딜 수 있게 되지요.

반대로 상사가 부하 직원에게 이상을 강요하면 어떻게 될까요? 다른 우수한 부하 직원과 비교하면서 "자네도 더 성장하게 될 거야.", "좀 더 열심히 하다 보면 자네 힘을 발휘할 수 있을 거라고." 와 같이 말했을 때, 스스로도 열심히 해야겠다는 생각을 갖고 있는 부하 직원일 경우 오히려 반발심이 생길지도 모릅니다. 이상이 너무 높으면 도저히 상사의 기대를 만족시킬 수 없다고 생각해서 노력하지 않게 될 수도 있지요.

요즘 저는 '존재 인정'이라는 말을 종종 사용하는데요. 뭔가를 하고 있어서가 아니라, 존재하고 있다는 것, 살아가고 있다는 것 그 자체에 가치가 있음을 상사가 부하 직원에게, 부모가 자식에게 전달했으면 좋겠다는 생각입니다. 직장에서는 성과를 내야 하는 것이 당연하겠지만, 상사는 먼저 현재 그대로의 부하 직원을 받아들여야 합니다.

부모 자식 관계에서도 마찬가지입니다. 아이가 부모의 이상이나 기대와는 다르더라도 혹은 아프거나 또는 말썽을 부리더라도 그

---

1 현재보다 더 발전해 가고자 하는 마음을 일컫는다.

래도 "네가 내 아이라서 정말 행복해." 하고 말해 주는 것이 중요
합니다.

Q 선생님이 말씀하신 '행복해지는 것이 아니라 행복한 것'이라
는 말과 유대인 강제 수용소에서의 체험을 토대로 『죽음의 수
용소에서(Man's search for meaning : an introduction to
logotherapy)』를 쓴 빅터 프랭클의 '행복은 좇을수록 달아
나 버린다'라는 말이 같은 의미로 느껴졌습니다. 제가 이해한
내용이 맞을까요?

A 프랭클은 인간은 본래 행복을 추구하게 마련이라는 생각에 반대
합니다. '행복은 목표가 아니라 결과에 지나지 않는다. 행복은 추
구하는 것이 아니다. 행복해지려고 생각하면 행복해지지 못한다'
라고 프랭클은 주장하죠.
저는 플라톤이나 미키 기요시의 주장을 인용하면서 행복에 대해
서 말해 왔습니다. 제 입장은 프랭클과는 다릅니다. '누구나 자신
이 행복하기를 바라지만, 그 행복을 위해 뭔가 특별한 것을 하지
않아도 된다. 행복해지려고 하지 않아도 지금 이렇게 살아가고 있
는 것이 사실은 행복이다. 그것을 깨닫는 게 행복해지는 길이다'라

는 것이 제 생각입니다.

행복해지려고 하는 사람은, 미키의 말을 원용하면 성공을 떠올리는 듯 보입니다. 그러면 행복하다는 사실을 놓칠 수 있습니다.

Q 복권 당첨이 아닌, 지금 살아가고 있음 자체가 행복이라는 말씀인 거죠. 행복하다는 것은 더 이상 행복하다고 느끼지 않는 게 아닐까 하는 생각이 드네요.

A 그렇습니다. 행복하지 않아서 행복을 추구한다기보다는 이미 행복하기 때문에 행복하다는 것을 의식하지 않는 것이라고도 할 수 있지요.

Q 그저 존재하는, 살아있는 행복을 말씀하시는 거죠.

A 한 가지 더, 행복은 자신이 타인에게 공헌하고 있다고 여기는 상황을 전제로 합니다. 남에게 도움이 되고 있다, 설령 몸이 아프다고 해도 또 늙었다고 해도 자신이 살아있다는 것 자체로 타인에게 도

움이 되고 있다고 느낄 수 있는 것이 행복입니다. 이것은 각성제나 마약, 술 또는 복권 당첨을 통한 행복감이나 도취감과는 전혀 다른 것으로, 그런 감각이 아닙니다. 이 감각은 주관적인 것이 아니지요. 한마디 덧붙이자면 복권이 맞았을 때의 행복감은 진짜 행복감이 아니며, 그저 '행운'일 뿐입니다. 복권이 당첨되지 않아도, 즉 행운이 없어도 행복한 것입니다.

Q 오늘 강연에서 가장 큰 울림을 받았던 부분은 건강이 좋고 나쁨은 행복과는 관계없는 '수단'이라는 내용이었습니다.

A 방금 드린 얘기에 비추어 말하면 건강하다는 것은 행운이 되겠죠

Q 행운은 빠르게 와 버린 성공과 마찬가지라고 이해했습니다. 복권 등도 그렇고요. 사실 몸이 부서지라 일을 해도 돈 벌기가 쉽지 않은데, 하루아침에 큰돈을 손에 쥐게 되면 오히려 신세를 망치는 사람도 있겠지요. 행운은 자기 자신이 어떻게 하느냐에 따라 달라질 수 있다고 봅니다. 행운이 되기도 하고 또

A 맞는 말씀입니다. 예약한 호텔 방에 들어갔는데 멋진 오션뷰를 자랑하는 객실이라면 행운이겠죠. 하지만 종종 제가 겪듯이 창문을 열어 보니 옆 빌딩 벽밖에 보이지 않았다는 경우도 있습니다. 그것은 언럭키한 일일 순 있지만, 그날 숙박할 곳이 없는 것보다야 훨씬 낫지요. 제대로 잠을 잘 수 있는 장소를 확보할 수 있었다는 건 행복입니다. 그러므로 외면적인 것에 의존하지 않는, 그런 의미에서 운과는 관계없는 행복이 있다는 말입니다. 반대로 아무리 행운이 따르더라도 자신이 불행하다고 생각하는 사람도 있습니다.

행운, 불운과는 관계없이 사람은 살아있는 것 자체만으로 행복한 것입니다. 그렇게 생각하기가 쉽지만은 않겠지만요.

Q 그것은 '지금'이라는 말씀인가요?

A 네. '지금' 행복한 것입니다. 오늘 강연 서두에서 '어릴 적 큰 사고를 겪은 뒤 남은 생을 살고 있다는 생각을 했다'는 말씀을 드렸는데요. 중학교 2학년 학생 입에서 '남은 생'이라는 단어가 나온다는 게 조금 께름칙할 수도 있겠지만, 그땐 정말로 그렇게 생각했습니다. 그다음에 또 남은 생을 살고 있다고 생각한 때는 쉰 살에 심근

경색으로 쓰러졌을 때였죠. 회복되고 나서는 아침에 눈을 뜨는 것만으로도 기쁘더군요.

살아 봐야 온통 괴로운 일뿐이라고 말하는 사람도 있을 겁니다. 행복이라는 말 따위 할 수 없을 만큼 힘들다는 사람이요. 하지만 삶이 고통일지라도 그래도 살아있는 것은 감사한 일입니다. 그렇게 생각하려면 '용기'가 필요하죠.

이토록 괴롭고 힘들 바엔 더 이상 살고 싶지 않다고 생각하는 사람도 있습니다. 다음 강연에서는 '죽음'에 관한 얘기를 할까 합니다만, 죽음을 두려워하는 사람이 있는 한편, 죽음을 동경하는 사람도 있습니다. 동경이라는 표현이 적절치는 않지만, '이런 힘든 삶에서 빨리 벗어나고 싶다'는 생각에 스스로 목숨을 끊는 사람이 있다는 건 사실이니까요. 그래도 죽어서는 안 된다는 말씀을 전하고자 합니다. 사는 게 힘들어도 삶에는 역시 의미가 있습니다. 살고 싶어도 살지 못하는 사람도 있고요. 그러니 아무리 괴롭더라도 끝까지 살아가자고, 특히 스스로 목숨을 끊으려는 사람들에게 간곡히 호소합니다. 그저 살아있는 것만으로도 행복하다는 생각을 하게 되면 타인에게도 너그러워질 수 있습니다. 앞 질문과도 관련이 있습니다만, 예를 들어 아이나 부하 직원을 향해 "이렇게밖에 못 하겠어?"라고 말하고 싶어지는 순간이 있을 때, 이 추운 날 따뜻한 이불 속에서 뭉그적거리고 싶었을지도 모를 부하 직원이 그래도 출근을 해주니 고마운 일이라고 생각해 보세요. 그렇게 해서 정말로

네 번째 수업. 나이 듦과 질병을 통해 배우는 것

고맙다는 생각이 들면 마음이 평온, 다시 말해 행복해지지 않을까

싶습니다.

다섯 번째 수업 —————————————————

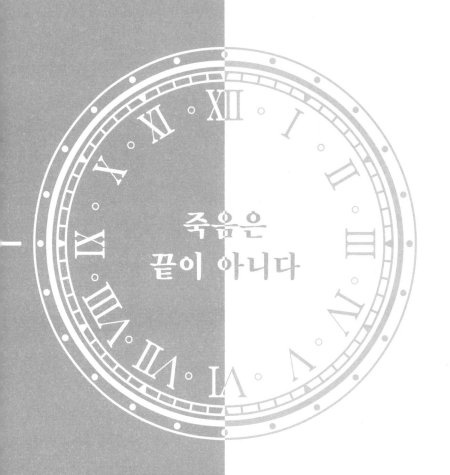

죽음은
끝이 아니다

∞

오늘은 '죽음'에 관해 이야기해 보고자 합니다. 총 여섯 번의 강연 중 가장 무거운 주제를 다루는 날이라고 할 수 있겠습니다. 세 번째 수업에서는 사람의 가치는 삶에 있으며 생산성, 즉 뭔가를 할 수 있는 능력으로 인간의 가치를 따져서는 안 된다는 말씀을 드렸습니다. 그리고 후반부에 '퍼슨론(Person theory)'과 관련하여 사람이 사람으로 인정받는 데 필요한 조건은 없으며, 의식이 없는 상태라고 해도 사람은 계속 사람이라는 설명을 드렸습니다. 그러한 맥락에 따라 네 번째 수업에서는 나이 듦과 질병에 대해 살펴보았지요. 이번에도 그 연속이라 할 수 있겠습니다.

사람은 나이를 먹고 병에 걸려 의식이 흐려지다가 마침내 죽음을 맞이하게 됩니다. 그렇다면 사람이 죽으면 더 이상 사람이 아닌 게 될까요? 아닙니다. 산 사람에게 죽은 사람은 생전과 다름없이 계속 살아있는 존재이며, 죽은 사람은 산 사람의 마음속에서 계속 살아가게 됩니다. 이것은 비유가 아니라 실제로 그렇다고 지금까지 말씀드렸으며, 죽음에 관해서 여러 차례 강연하는 가운데 늘 해왔던 얘기이므로, 오늘은 조금 다른 부분에 중점을 두려 합니다. 죽은 사람도 산 사람과 다름없이 실재적(實在的)으로 느껴진다는 얘기를 해 왔습니다만, 그렇다고 해도 죽음은 삶과 같지는 않다는 부분에서부터 오늘의 얘기를 시작할까 합니다.

죽음과 삶을 단절하지 않았을 때 생길 수 있는 문제

가족 중 누군가 죽었을 때, 남겨진 사람은 고인이 어떠한 형태로든 생전과 다름없이 계속 살았으면 하고 바라게 마련입니다. 하지만 죽은 사람은 살아있지 않음을 확실하게 구분 지을 필요가 있습니다.

아들러는 그가 정신과 의사가 되기 훨씬 전, 의사가 되겠다는 마음을 먹었을 무렵 "죽음을 죽이고 싶다."라고 말했다 합니다. '죽음을 세상에서 없애고 싶었다'는 의미입니다. 하지만 그런 일이 가능할 리 없죠. 그의 전기를 보면 죽음을 없애려는 시도는 성공하지 못했지만, 그 시도 과정에서 자신이 창시한 '개인심리학'에 눈을 뜨게 되었다고 쓰여 있습니다.

죽음을 없애는 일은 불가능합니다. 불교 설화에 다음과 같은 이야기가 있습니다. 키사고타미라는 여성이 이제 막 걷기 시작한 자신의 외아들을 잃고 깊은 슬픔에 잠깁니다. 그 모습을 본 부처가 그녀에게 한 번도 장례를 치른 적이 없는 집을 찾아서 흰 겨자 열매를 받아 오라고 하지요.

과연 어떤 일이 벌어졌을까요? 그녀는 한 번도 장례를 치른 적 없는 집이 단 한 곳도 없다는 사실을 알게 됩니다. 여러 집을 전전하다가 거절당하기를 반복하면서 마침내 죽음은 어느 집에나 있다는 사실, 사람은 죽게 마련이라는 사실을 깨닫게 되죠.

그런데 삶과 죽음 사이에 단절은 없다고 생각하고 싶어 하는 사람도 있습니다. 소크라테스가 그런 입장입니다. 죽음이라는 것이 뭔지, 소크라테스는 두 가지 가설을 듭니다. 하나는 죽음은 보통의 잠이 아니라 꿈을 꾸지 않는 잠이라는 내용입니다. 그는 죽음이 만일 '꿈 한 번 꾸지 않을 만큼 깊이 잠들었던 밤'과 같은 것이라면 그보다 더 좋은 일이 어디 있겠느냐고 말하죠. 또 하나는 죽음은 이 세상에서 저세상으로 주소를 옮기듯 영혼이 옮겨 가는 과정이라고 보는 것입니다. 잠을 푹 못 자고 꿈만 꾸는 저는 소크라테스의 말이 이해가 되기도 합니다.

저세상의 존재를 믿는 사람은 많습니다. 죽음을 경험한 사람은 아무도 없으므로 지금 겪고 있는 삶과 비교하여 죽음을 생각할 수밖에 없는데, 죽음에 대해서 이렇게 설명하면 마치 이해했다는 듯 죽음을 딱히 특별한 것으로 여기지 않는 사람도 있을 겁니다.

현대에 와서는 AI나 디지털 기술로 죽은 사람을 되살리려는 시도가 이루어지기도 합니다. 이러한 시도 역시 죽음을 삶과 단절된 것으로 보지 않는 시각으로 볼 수 있겠지요. 딥러닝(심층 학습)을 통해 과거의 데이터를 수집하여 고인의 말투나 가령 가수였다면 노래 부르는 모습을 재현하는 정도라면 그다지 큰 문제는 없을지도 모르겠습니다. 하지만 이미 죽은 사람이 마치 산 사람인 양 우리와 대화가 되는 정도라면 그것엔 문제가 있다고 생각합니다.

구체적으로 어떤 문제가 있을까요? 고인을 떠올리며 "그때 그 사람이 한 말에는 이런 의미가 있었던 게 아닐까?", "그땐 무슨 말인지 잘 몰랐는데 이제 알 것 같다."라는 식으로 개인적인 차원에서 그리워하며 곱씹어 보는 거라면 문제가 없겠지요.

저는 어머니가 돌아가신 후에 결혼했습니다만, 어머니는 돌아가시기 전에 이미 제게 교제하는 사람이 있다는 걸 알고 계셨어요. 그래서 떠나시기 전에 제가 교제하는 사람과 결혼하길 바란다는 말씀을 아버지에게 남기셨다더군요. 1주기는 넘어서 하는 게 좋지 않겠냐는 주변 사람들의 얘기도 있었지만, 어머니의 말씀도 있고 해서 우리는 어머니가 돌아가신 지 반년도 지나지 않아 결혼하게 되었습니다.

이처럼 고인의 말 한마디가 살아있는 사람에겐 큰 영향을 미치기도 합니다. 그러니 고인과 대화할 수 있게 되었을 때, 그것을 이용하려는 사람이 나타난다면 위험한 일이 아닐 수 없지요. 예를 들어 죽은 교주가 설교를 한다. 또는 정치가가 되살아나 말을 한다. 터무

니없지만 이처럼 고인의 영향력을 빌려 자신들의 입장을 유리하게 하려는 사람들이 있을 수도 있다는 말입니다.

고인이 된 사람에게 심취해 있는 사람 입장에서는 죽은 줄 알았던 사람, 그것도 자신이 존경하던 사람이 되살아나 말을 한다는데 기쁘지 않을 수 없겠죠. 그런 사람에게 '고인의 말, 고인의 뜻'이라고 한다면 그보다 효과적인 말은 없을 겁니다.

죽음의 수용

죽음은 이별입니다. 그것이 어떤 식이든지 헤어지는 것인 이상 슬프지 않을 수 없습니다. 하지만 언젠가는 헤어져야 합니다. 죽음을 받아들여야 하는 때가 오게 마련이지요. 그러나 이별을 받아들이는 게 쉽지는 않습니다. 저는 어머니가 돌아가셨을 때 남 앞에서는 조금도 눈물을 보이지 않았습니다. 슬프지 않아서는 아니었습니다만, 그렇게 슬픔을 억눌렀던 탓에 10년이나 그 슬픔이 계속되었던 것 같습니다. 주변 시선에 상관없이 눈물을 펑펑 쏟아 냈더라면 그렇게 오래 아프지는 않았을 텐데 말이죠. 그러므로 억지로 슬프지 않은 척 애쓸 필요는 없습니다.

키사고타미와 같은 깨달음이 역시 필요합니다. 부처는 이치를 따져 가며 말씀하지 않았습니다. 슬픔에 잠긴 사람에게 '죽음이란 이런 것이다'라고 아무리 설명해 봐야 소용없음을 아셨던 거죠. 그녀는 직접 이 집 저 집을 찾아다니며 장례를 치르지 않은 집은 없음을 몸소 겪고서야 죽지 않는 사람은 없다는 사실을 깨닫고 비로소 아이의 죽음을 받아들일 수 있었던 것입니다.

이 밖에도 몇 가지 생각해 봐야 하는 것이 있습니다. "죽는 것은 무섭다. 가능하다면 죽고 싶지 않다."라고 생각하는 한편으로 "그래도 나만은 죽지 않겠지." 하는 생각을 마음 한구석에 품고 있는 사람도 있으리라 생각합니다.

이 같은 생각에는 '죽음은 무서운 것'이라는 전제가 깔려 있는 것이지요. 하지만 죽음이 무서운 것인지 아닌지는 아무도 모릅니다. 소크라테스는 사람이 죽음을 두려워하는 이유는 '지혜가 없으면서 있다고 생각하기 때문', 다시 말해 '죽음을 알지 못하면서 알고 있다고 생각하기 때문'이라고 말했습니다.

그러므로 모르는 걸 두려워할 필요는 없다고 생각하면 죽음의 두려움으로부터 얼마간 해방될 수 있을지도 모르겠습니다. 죽음을 향한 두려움을 멈추는 또 하나의 관점으로는 앞 강연에서도 살펴봤듯, 인생을 진화가 아닌 변화라고 보는 겁니다. 질병이나 나이 듦과 마찬가지로 죽음 역시도 변화일 뿐이라고 생각하면 두려운 마음이 조금 가라앉지 않나요?

다시 본론으로 돌아가, 우리는 타인의 죽음을 통해서만 죽음을 확인할 수 있습니다. 타인의 죽음은 '부재(不在)'입니다. 죽은 사람은 세상에서 사라져도 세상 자체는 여전히 존속합니다. 그에 반해, 자신의 죽음은 꿈을 꾸지 않는 수면 상태일지도 모르고, 저쪽 세상으로 거처를 옮기는 것일 수도 있으며, 또는 무(無)의 상태일지도 모릅니다. 어느 쪽이든 자신이 살았던 세계는 사라지는 것과 다름없으므로 여기서 타인의 죽음과 자신의 죽음에 큰 차이가 발생하지요.

한 번 죽었다가 되살아난 사람은 없습니다. 이렇게 말하면 임사체험 얘기를 꺼내는 사람이 있습니다만, 임사(臨死)는 어디까지나 영어로 표현하면 '니얼 데스(near death)'로 그저 죽음에 가까운 상황에 놓이는 것일 뿐 진짜 죽음은 아닙니다. 죽음이 무엇인지는 정말 아무도 모릅니다.

저는 죽음이 있다는 것을 초등학생 때 알았습니다. 그것을 계기로 철학을 배우게 되었다는 얘기는 앞서도 드렸습니다만, 그때 다음과 같은 여러 가지 생각을 했습니다.

먼저 하나는 전생이나 내세가 있을까 하는 생각입니다.

"지금은 첫 번째 인생이 아닐 확률이 높다. 그렇더라도 전생에 대한 기억은 없다. 그 말인즉슨 만일 내세에 다시 태어난다고 해도 현재의 인생을 전혀 기억하지 못하리라는 것이다. 지금 아무리 여러 가지 경험을 하고 노력하며 살아도 내세에는 이 세상에서 경험했던 것을 하나도 기억하지 못할 테니, 이 세상에서 했던 일에 대한 책임도 질 수 없지 않은가."

우리는 종종 부모님으로부터 자신의 어린 시절 얘기를 전해 듣곤 하지요. 사실 "어렸을 때 네가 이런 말을 했었단다."라는 말을 들어도 정작 본인에겐 기억이 없는데 말이죠. 전생과 내세가 있다고 가정할 때 드는 감정은 그럴 때 느끼는 불안과 같았습니다.

자신의 언동에 책임을 질 수 없다는 것은 무서운 일입니다. 고민 끝에 "그렇다면 이렇게 생각할 수는 없을까. 기억을 못 할지라도 바로 지금의 인생에서는 책임지는 삶을 사는 것이다. 그러는 수밖에는 없다." 하고 잠정적인 결론을 내렸습니다.

두 번째는 "어차피 죽는데…."라는 생각입니다. 여러분은 이런 생각에 사로잡혔던 적 없으신가요? 열심히 공부해 봐야 결국엔 죽을 텐데 하고 생각하면 굳이 애쓸 필요가 있을까 싶달까, 열심히 해도 소용없다는 마음에 자포자기 상태에 빠질 수도 있을 것 같거든요. '어차피 병에 걸려 죽을 거 맛있는 거나 실컷 먹고 즐기는 거지 뭐. 향락에 빠져 살면 좀 어때?'라는 생각이 드는 것도 전혀 이상할 게 없어 보입니다.

마지막으로는 "언젠간 멈출 심장이니 당장 멈춰도 그만이야, 라고 생각해선 안 되겠지."라는 생각이었습니다. 인간의 가치는 삶에 있습니다. 그러므로 살아가는 것이 우리의 과제입니다. 다른 과제라면 핑계를 찾아 회피할 수도 있겠지만, 살아가는 것은 피할 수 없는 인생의 과제이므로 삶이 아무리 고통스럽더라도 이 과제에서 도망쳐서는 안 됩니다.

지금 설명한 것처럼 말로 명확하게 정리하지는 못했었지만, 아무튼 이런저런 생각에 골몰했지요. 그 덕분에 초등학생 시절의 저는 죽음의 공포에서 조금 멀어질 수 있었던 것 같습니다. 물론 그 후에도 모든 게 납득이 되었던 것은 아니므로, 저는 여전히 죽음이란 무엇인가를 계속 생각하고 있습니다.

죽음이 어떠한 것일지라도

그렇다면 우리는 어떻게 죽음을 마주하는 것이 좋을까요? 갑자기 오늘 강연의 결론적 이야기가 될 듯싶습니다만, 요즘 이런 생각을 합니다. 먼저 죽음이 어떠한 것일지라도 가령 무로 돌아가는 것이라고 해도 지금 삶의 방식, 삶에 대한 태도를 바꿔서는 안 된다는 생각이요. 어차피 죽을 텐데 하고 자포자기해서도, 향락에 빠져 살아서도, 남을 다치게 해서도, 제멋대로 살아서도 안 됩니다.

살면서 그때그때 태도를 바꾸는 사람이 있습니다. 이를테면 누군가로부터 자신이 하는 일을 인정받으면 열심히 하고, 그렇지 않으면 열심히 하지 않는 사람이요. 그런 사람은 인간으로서 그다지 성숙하지 못한 사람입니다.

사상가이자 법률가인 칼 힐티(Carl Hilty)는 다음과 같이 주장합니다.

"지상에서 벌이 가해지지 않는 일이 있다는 것은, 지금 이 세상에서 모든 계산이 정확하게 이루어지는 것이 아니라, 필연적으로 더 먼 훗날의 삶이 있기 때문임이 틀림없다는 우리의 추론을 정당화하는 것이다."라고 말이죠(『잠 못 이루는 밤을 위하여(Fur schlaflose Nachte)』).

가족 중에 누구보다 가장 먼저 일어나고 누구보다 가장 늦게 잠자리에 들며 열심히 살아오셨던 어머니. 시어머니 간병과 육아를 마치고 드디어 자신의 인생을 살아가려던 순간에 병으로 쓰러지신 어머니의 인생을 생각하면 힐티의 말처럼 '먼 훗날의 삶'이라는 게 있어서 어머니의 노력이 보상받을 수 있었으면 좋겠다는 생각을 합니다. 하지만 이 세상에서 받지 못한 인정을 저세상에서도 보상받지 못한들 저는 옳은 행동을 해야 할 땐 할 수 있는 사람이 되고 싶습니다.

이번에는 '죽음을 기다리지 말자'라는 주제를 놓고 생각해 보기로 하겠습니다. 무슨 말이냐 하면 사람은 언젠가는 누구나 예외 없이 죽게 마련입니다. 죽음 이외의 다른 것은 얼마든지 기다려도 괜찮습니다. 기다림은 즐거운 일이니까요. 그런데 왜 기다림이 즐거울까요? 바로 기다리는 일이 실현될지 알 수 없기 때문입니다. 예를 들어 누군가와 만날 약속을 했어도 못 만나는 경우가 있을 수 있습니다. 기다리는 일이 실현되지 않는 경우는 많지요. 그래서 괜히 기다려지고 설레는 거죠. 그렇게 해서 만남이 이루어지면 더욱더 기쁘게 마련이고요. 하지만 죽음은 누구에게나 찾아옵니다. 결과가 정해져 있으니 죽음을 기다릴 필요는 없습니다.

최면 요법의 대가로 알려진 밀턴 에릭슨(Milton Erickson)이 이런 말을 했습니다. "나는, 사람이 태어난 그날이 바로 죽기 시작하는 날이라는 사실을 마음속에 간직해야만 한다고 생각합니다."(『밀턴 에릭슨의 심리치유 수업(My Voice Will Go with You: The Teaching Tales of Milton H. Erickson)』)라고요.

지극히 당연한 얘기입니다. 에릭슨의 말마따나 사람은 태어난 순간부터 죽음을 향해 나아가지요. 이 같은 생각은 첫 번째 수업에서 소개한, 이른바 "인간의 가장 큰 행복은 애당초 태어나지 않는 것이고, 그다음 행복은 태어난 이상 되도록 일찍 죽는 것이다."라고 하는 고대 그리스인의 사고방식을 통해서도 엿볼 수 있었습니다.

에릭슨은 이어서 다음과 같이 말합니다.

"소수의 사람은 죽음에 그리 많은 시간을 허비하지 않고 인생을 의미 있게 살아가고 있는 데 반해, 많은 사람은 죽음을 오래도록 기다립니다."

여기서 '그리 많은 시간을 허비하지 않고'라는 표현을 보면 소수의 사람도 죽는 것을 아예 신경 쓰지 않는 것은 아니라는 말입니다.

하나 예를 들어 보겠습니다. 친구와 만나기로 약속한 날 아침, 늦잠을 자는 바람에 서두르다가 휴대전화도 못 챙기고 뛰쳐나갑니다. 휴대전화를 못 챙겼으니 상대방에게 늦는다고 연락할 수도 없습니다. 버스를 타고 약속 장소로 가는 내내 친구가 화나지는 않았을까, 걱정하는 것은 아닐까 하고 발을 동동 굴러 보지만 그런다고 버스가 서둘러 가지는 않지요. 이왕 그렇게 된 거 차창 밖으로 보이는 경치라도 즐기면 좋으련만, 약속 장소에 도착했는데 이미 친구가 돌아가고 없으면 어쩌나 하는 고민에까지 다다릅니다. 하지만 버스에서 아무리 고민한들 어쩔 도리가 없지요. 그럼에도 이렇게 속으로 끙끙 애만 태우는 사람은 죽기까지 오랜 시간을 허비하는 사람이라고 할 수 있습니다.

인생을 살아감에 있어서도 마찬가지입니다. 죽음을 생각하는 일을 멈추면 많은 것이 달라질 수 있습니다. 그러면 죽음을 기다리지 않으려면 어떻게 해야 할까요? 오늘을 오늘만을 위해 사용하는 수밖에 없습니다. 오늘에 충실하면 내일은 생각하지 않게 됩니다.

데이트를 하고 헤어질 때 다음에 만날 약속을 굳이 하게 되는 것은 그날의 데이트가 만족스럽지 못했기 때문입니다. 만족스러운 시간을 보낸 사람은 다음에 만날 약속을 하는 것조차 잊어버립니다. 오늘의 부족함을 다음 기회에 만회하려고 생각하지 않는 만남을 쌓아 가다 보면 그런 두 사람의 사랑은 결실을 맺게 됩니다.

매일을 충실하게 살아내다 보면 어느새 자신의 미래나 죽음에 대해서 생각하지 않고 살아갈 수 있게 되지요. 죽음이 어떠한 것인지에 관해서도 신경 쓰이지 않게 됩니다. 저는 요즘 이런 생각들을 하며 지내고 있습니다.

'나'라는 존재가 '마음'과 '몸'을 사용한다

이제 죽음에 관한 세 번째 얘기를 시작하겠습니다. 플라톤은 '영혼불멸설'을 주장했습니다. 현대인에게는 좀처럼 와닿지 않는 얘기일 수도 있겠으나, 플라톤뿐 아니라 당시 그리스인들은 영혼이 육체라는 옥에 갇혀 있다고 생각했습니다. 죽음이란 영혼이 육체에서 분리되는 것으로, 그림으로 나타내면 〈그림 1〉과 같습니다.

플라톤이 쓴 『파이돈』을 보면, 소크라테스가 "한평생 육체로부터의 해탈에 힘쓴 영혼, 참으로 철학을 추구해 온 영혼은 언제든 죽음을 쉽게 맞이하는 연습을 해온 셈이다."라는 말을 합니다. 그처럼 영혼이 육체로부터 해방되도록 힘써 왔기에, 즉 죽음의 상태에 가깝게 살아왔기에 소크라테스는 재판을 받고 사형이 확정되었을 때도 죽음이 두렵지 않다고 영혼은 불멸하다고 말할 수 있었던 것이지요.

한편, 현대에 와서는 영혼을 의식으로 파악하고 있으며, 몸의 일부인 뇌가 의식을 만들어 낸다고 봅니다〈그림 2〉. 다시 말해 의식은 육체 또는 몸의 일부인 뇌가 만들어 내는 것이고, 죽음은 뇌 활동이 정지되는 것으로 뇌가 정지하면 의식도 사라진다고 하는 개념이지요. 결과적으로 모든 의식은 뇌에 기인한다는 말입니다. 뇌와는 별개로 영혼 혹은 마음이나 의식, 또는 정신이라고 불러도 될 것 같습니다만, 이런 것은 전혀 가정하고 있지 않지요.

그런데 아들러는 전혀 다른 생각을 합니다. 그는 자신이 창시한 심리학을 '인디비주얼 사이콜로지(individual psychology, 개인심리학)'라고 불렀습니다. '개인'은 'individual'의 역어인데, 번역된 개인이라는 표현으로는 의미가 제대로 전달되지 않습니다. '개인'으로 번역된 이유를 설명하자면, 'in'은 부정 접두사이며 'dividual'의 동사형은 '디비드(divide)'로 '나누다'라는 뜻입니다. 즉 '분할할 수 없다'라는 의미에서 '개인'이 된 것이지요.

'분할할 수 없다'는 말은 감정과 이성, 의식과 무의식, 몸과 마음이라는 식으로 분할하지 못한다는 뜻입니다. 아들러는 분노의 감정이 사람을 화나게 한다거나 인간의 행동은 의지적 행동으로 보이지만 사실은 무의식의 선택이라는 생각에 동의하지 않았습니다.

몸과 마음(영혼, 정신, 의식)으로 나누지 않는, 아니 그렇게 나눌 수 없는 전체로서의 개인을 다루는 것이 '개인심리학'입니다. 아들러는 "뇌는 마음의 도구일 뿐 기원은 아니다."라고 주장합니다. 여기서 말하는 뇌는 바로 육체를 가리킵니다. 뇌를 포함하여, '몸'은 마음의 도구, 즉 마음이 몸을 도구 삼아 사용할 뿐이지 몸이 기원은 아니라는 의미이지요. 요컨대 뇌(⊂몸)가 마음(영혼, 정신, 의식)을 만들어 낸 것은 아니라고 주장하는 것입니다.

그런데 마음이 뇌를 포함한 몸을 사용한다는 말에 의문이 남습니다. 분할할 수 없는 전체로서의 개인은 마음일 리도 없고 몸도 아닐 테니까요. 그렇다면 여기서 '몸과 마음'과는 별개로 아들러는 사용하지 않았던 개념이지만, '나'라는 존재를 생각할 수밖에 없습니다.

마음이 뇌를 사용하는 것이 아니라, '나'라는 존재가 몸의 일부인 뇌를 사용하는 것, 또는 '나'라는 존재가 마음을 사용하는 것이라고 생각하지 않으면 아들러의 주장은 이치에 맞지 않습니다. 그림으로 나타내면 〈그림 3〉과 같지요. '나'는 마음(영혼, 정신, 의식)과 몸으로 구성됩니다. 그리고 이 몸 안에 뇌가 포함됩니다. '나'라는 존재가 '마음'을 사용하고, '나'라는 존재가 '몸'을 사용하는, 바로 '나'라는 것이

다섯 번째 수업. 죽음은 끝이 아니다

분할할 수 없는 전체로서의 '개인'입니다.

다만 한 가지 주의할 점은 마음과 몸이 같다고 하는 얘기와는 의미가 조금 다르다는 점입니다. 아들러는 양쪽 모두 '생명'의 과정 또는 표현이라고 설명합니다. 그러므로 착안점, 즉 초점을 가져다 대는 방법이 다르다는 의미입니다. 사실은 〈그림 3〉에서처럼 플러스(+)로 나타내서는 안 되는 것이지요.

더욱이 마음과 몸은 서로 영향을 미칩니다. 몸이 마음에 영향을 준다고 하는 편이 이해가 더 쉽겠습니다만, 예를 들어 물건을 집어 들고 싶은데 손이 묶여 있다고 합시다. 그러면 마음이 실행되지 않지요. 뼈가 부러졌다거나 나이를 먹고 병에 걸려서 몸이 자유롭지 못한 상태가 되었을 때도 마찬가지입니다.

반대로 마음이 몸에 영향을 미치는 경우도 당연히 있습니다. 남에게 심한 말을 듣고 마음을 다친 사람은 밤잠을 설치거나 몸에서 열이 나기도 합니다. 바로 마음이 몸에 영향을 주는 사례이지요. 아들러는 트라우마(심적 외상)를 부정했습니다만, 인간이 자신의 의지에 반하는 행동을 강요당했을 때, 마음에 상처를 입지 않을 수는 없습니다. 그리고 마음의 상처는 몸에 나타나기도 합니다. 이런 경우 심신증[1]이라는 용어가 사용되기도 하지요. 그러므로 생명의 표현인 마음과 몸은 서로에게 영향을 미칠 수 있다는 얘기입니다.

---

1 불안 등의 심리적 증상이 신체적 반응으로 나타나는 현상.

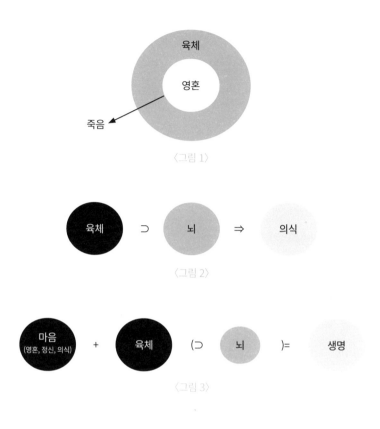

〈그림 1〉

〈그림 2〉

〈그림 3〉

'불사(不死)'에 관한 얘기를 못 한 것 같으니 계속해 보겠습니다. 제 할아버지는 전쟁 중에 소이탄을 맞고 얼굴에 심한 화상을 입었습니다. 몸은 상했지만, 할아버지의 '나'는 그 일에 조금도 영향을 받지 않았습니다. 우리의 육체는 나이가 들수록 그 기능을 충분히 발휘할 수 없게 되고, 나아가 마침내는 죽음으로 인해 기능이 정지하게 됩니다. 그렇게 되어도 '나'라는 존재가 없어지는 것은 아닙니다.

지금의 설명을 마음에 적용해서 생각해 보지요. '마음의 기능이 저하한다.' 이를테면 치매에 걸려 방금 전 일도 기억 못 하게 된다 해도 또는 죽음과 더불어 육체가 소멸한다 해도 '나'는 남습니다. '나'는 죽지 않고 계속 존재한다는 얘기입니다.

사람이 죽으면 몸도 마음도 소멸 또는 무(無)의 상태가 된다고나 할까요? 아무튼 기능이 정지되지요. 그런데 자신의 주변 사람이 죽었을 때, 그 사람의 몸과 마음이 모두 없어져도 그 사람 자체를 의미하는 '나'라는 존재까지 없어지는 것은 아닙니다.

그렇다면 '나'라는 존재는 '마음'이나 '몸'을 사용해서 무엇을 할까요? 다름 아닌 '목표'를 정합니다. 어떤 상황이 닥치면 인간은 자유의지에 따라 무엇을 할지 결정하죠. 목표를 갖거나 목적을 이루기 위한 설정을 하는 것은 바로 '나'라는 존재입니다. 앞서 죽은 사람을 되살리는 AI 기술에 관련한 얘기를 했습니다만, 이를 긍정하는 학자가 있습니다. 그는 인간에게는 자유의지가 없으며 인간도 결국 컴퓨터가 만들어 낸 것과 다름없는 기계에 지나지 않으니 과거의 데이터를 '인풋(input)' 하면 죽은 사람을 되살릴 수 있다고 생각합니다.

하지만 과거의 데이터를 아무리 입력한들(input) 결국은 기계일 뿐 정말로 고인이 되살아나는 것은 아닙니다. 고인이 된 어느 작가의 신작을 컴퓨터가 대신 쓰게 하는 시도가 이루어진 적이 있었지만, 그다지 화제가 되지 않았습니다. 재미가 하나도 없었기 때문이지요. 훌륭한 작품이었다면 화제가 되고도 남았겠죠. 지금은 그런 시도조차도 이루어지지 않습니다.

언젠간 인공지능이 창작과 같은 일도 할 수 있을 거라 믿는 분도 있을 테지만, 이번 강연을 통해서 살펴봤듯이 인간에게는 자유의지가 있으나 기계에는 없다는 말씀을 한 번 더 강조하고 싶습니다.

본인이 아닌 '어떤 존재'가 자신에게 소설을 쓰게 하는 것 같다는 느낌을 가져 보지 않은 작가는 아마도 없을 텐데요. 본인이 아닌 다른 '어떤 존재'라고 느껴져도 그것은 분명 자기 자신입니다. 다만, 지금까지 써 온 작품의 연장선상에서 창작하는 것이 아니라, 일종의 비약이 있다는 얘기죠. 저는 오히려 이것이야말로 자유의지에 따라 창작한다는 증거라고 생각합니다. 기계나 인공지능으로는 이러한 창작 활동을 할 수 없습니다.

행동 전반에 대해서 말하면, 아무리 마음과 몸이 제약을 받더라도 무엇을 할 것인지는 '나'라는 존재가 결정할 수 있습니다. 그런 '나'는 마음이나 몸의 기능이 정지된다고 해도 '불사', 다시 말해 죽지 않았다고 할 수 있지 않을까요?

두 번째 강연의 질의응답에서 마이크가 고장 났을 뿐 죽은 사람은 계속 말을 하고 있다는 비유적 설명을 드렸었지요. 그 마이크가 바로 몸입니다. 마이크가 고장 나도 '나'는 계속 말을 하고 있다는 의미죠. 플라톤은 '영혼의 불멸'이라고 했습니다만, 오늘 강연 내용에 따라 표현하자면 '나'의 불멸(불사)이라고도 할 수 있을 것 같습니다.

———————— 품위 있는 죽음이 아니어도 괜찮다

이제 '죽음'과 관련한 마지막 얘기를 해 보겠습니다. 만일 여러분이 불치병을 선고받고 살날이 얼마 남지 않았음을 안다면 기분이 어떨 것 같으세요?

천수를 누리다가 모두가 애석해하는 죽음을 맞았다고 해서 꼭 행복한 죽음이라고 말할 수 있는 것은 아닙니다. 또한, 그것은 바란다고 해서 실현되는 일도 아니지요. 예를 들어 젊은 사람의 죽음이 천수를 누리다 간 사람의 죽음보다 못한 것은 아니라는 말입니다. 자식이 부모보다 먼저 죽는 경우도 있습니다. 그리고 스스로 죽는 사람도 있죠. 행복한 죽음, 불행한 죽음과 같은 구별은 없다고 저는 생각합니다. 특히 자녀의 자살을 경험한 부모님께는 마지막 모습만을 되뇌이지는 마시라고 말씀드리고 싶습니다. 누구에게나 죽기 전의 인생 경험이 있으니까요.

대부분 장수를 좋은 것으로 여기는데 반드시 그런 것은 아닙니다. '지금 여기'를 사는 것에만 의미가 있는 셈이죠. 그리고 꼭 품위 있는 죽음이 아니어도 괜찮습니다. 『파이돈』을 보면 소크라테스가 죽기 직전 남긴 말 중에 "엄숙한 침묵 속에 죽음을 맞아야 한다."라는 내용이 있습니다만, '~해야 한다'라는 표현에는 '할 수 없다'는 의미가 내포되어 있습니다.

소크라테스는 독미나리즙이 든 독배를 마시는데, 그 독이 서서히 온몸에 퍼지면서 처음에는 다리가 뻣뻣이 굳기 시작하고 점점 위로 올라가 마침내 심장까지 경직되어 죽음에 이르게 됩니다. 물론 소크라테스처럼 꼭 엄숙하게 죽음을 맞아야만 하는 것은 아닙니다. 모든 이별은 슬프게 마련이고, 여전히 하고 싶은 게 많은데 죽음을 맞는 상황이라면 오히려 대성통곡을 해도 모자라지 않나 하는 생각이 듭니다.

미키 기요시의 『인생론 노트』에는 다음과 같은 내용이 있습니다. "인간은 집착할 게 아무것도 없다는 허무한 마음 상태에서는 좀처럼 죽을 수 없는 게 아닐까. 집착할 것이 있기 때문에 차마 죽지 못한다는 것은 집착할 것이 있기 때문에 죽을 수 있다는 말이다. 깊이 집착할 게 있는 사람은 사후 자신이 돌아가야 할 곳을 가지고 있다."

아마도 딸을 두고 한 말이었을 겁니다. 미키는 일찍이 아내를 잃고 딸과 단둘이 살았습니다. 이 글을 쓸 때만 해도 패전 후 자신이 옥사해서 딸과 영영 헤어질 거라고는 생각도 못 했겠지만, 혹여 언제라도 자신이 먼저 죽으면 남겨진 딸이 어떻게 될까 늘 걱정이었겠지요. 미키는 사랑하던 아내를 항상 그리워했습니다. 먼저 간 아내를 떠올리고 그리워하면서 자신이 죽었을 때도 자신이 사랑하는 사람이 틀림없이 자신을 기억하며 그리워해 주리라 생각했죠.

심근경색으로 쓰러졌을 때, 저도 아이들이 가장 마음에 걸렸습니다. 아이들의 앞날을 끝까지 지켜보지 못하고 죽으면 어쩌나 하고요. 자신에 관한 생각은 별로 안 하게 되더군요. 다만, 인간은 누구나 혼자 죽는다지만, 홀로 죽는 것은 참으로 쓸쓸한 일이구나 싶기는 했습니다. 그럴 땐 "죽기 싫다!"라며 엉엉 울어도 되지 않을까요. 모든 사람이 하나같이 다 죽음을 의연하게 받아들여야 하는 것은 아니니까요.

이치로와의 대화

Q 행복에 관한 말씀 가운데 행복에는 조건이 없으며 불행에도 조건이 없다고 하셨는데, 지금 행복하다는 생각을 못 갖는 사람이 있다면 행복하다고 일러 주는 것이 좋을까요?

A 그렇게 말해 주지 않으면 행복하다는 사실을 깨닫지 못할 수도 있습니다. 하물며 부모도 자녀가 문제 행동을 일으켰을 때 곧장 아이가 살아있다는 것만으로도 행복임을 떠올릴 수 있으려면 평소에 그 사실을 자주 의식해야 합니다.

바로 지금 불행한 일을 겪고 있는 사람에게는 특히나 쉽지 않습니다. '몸이 아프게 된 데는 다 의미가 있을 거야'라는 식의 말을 남에게 듣고 싶지는 않을 테니까요. 그런데 불행으로 간주되는 일을 겪은 사람이 '그 일을 겪은 데는 다 의미가 있었다' 하고 스스로 생각하게 되기까지는 오랜 시간이 걸립니다.

다섯 번째 수업. 죽음은 끝이 아니다

Q 오늘 강의 내용 중 '집착하는 것이 있기 때문에 죽을 수 있다'
  는 말의 해석이 역시나 어려웠습니다. 그리고 선생님 말씀을
  들으면서 '삶과 죽음의 구별'에 대해서도 별로 생각해 본 적이
  없었다는 생각이 들더군요. 한 가지 여쭙고 싶은 것은 기대에
  부응한다고 하는 것이 있는 편이 좋은 것일까 하는 점입니다.

A 타인의 기대에 부응한다는 얘기인가요?

Q 네. 선생님께서 주치의로부터 "책을 쓰세요. 책은 남을 테니까
  요."라는 말을 들으셨다는 얘기를 하셨잖아요. 그리고 선생님
  께서는 실제로 책을 여러 권 쓰셨는데 이게 오늘 강연 내용에
  나왔던 '집착'이라는 것에 연결이 되어서요.
  그러니까 기대에 부응하고자 하는 마음은 곧 목표나 대상을
  향한 집착이 되는 것 같은데 이런 집착이 있는 것이 좋은가 하
  는 질문입니다.

A 강연 내용상의 '집착'은 저의 주치의가 해준 조언과 다른 의미입
  니다. 여기서 질문자님은 아마 주치의의 조언을 삶을 향한 집착
  즉, 살고자 하는 희망과 미래를 향한 기대로 이해하신 것 같습니다

만, 미키 기요시가 말했던 집착은 본 강의에서 설명했다시피 '딸'을 두고 한 이야기라 이해하시면 됩니다.

덧붙여 설명하자면, 미키 기요시는 '기대'와 '희망'을 구별하고 있습니다. 미래를 '아직 오지 않은' 것이 아니라 명백하게 '없다'고 생각하면 미래를 향한 희망을 가질 수 없습니다.

의사 선생님의 말씀을 듣고 제가 미래를 향한 기대를 가졌는지도 모르겠습니다만, 그때는 다행히 목숨을 건졌을 뿐, 건강을 회복해서 예전처럼 여러 가지 일을 자유자재로 할 수 있으리라고는 꿈에도 생각지 못했습니다. 이른바 밝은 미래를 그리며 앞으로 무엇을 할까 하고 인생 설계를 하는 일 같은 건 상상도 못 했지요.

다만 조금이나마 더 오래 살 수 있겠다는 희망을 '지금'은 가지게 된 것 같습니다. 그렇다고 해서 어떻게 해서든 꼭 살아야겠다고 하는 삶에 대한 집착은 아니고요.

Q 육체와 죽음을 구분할 수 없듯이 삶과 죽음을 구분할 수는 없지 않을까 싶습니다.

A 오늘 강연에서는 삶과 죽음의 절대적인 단절에 대해서 말씀드렸는데, 죽음은 삶의 '뒤'에 온다기보다 삶의 한가운데 있다고 할 수

있습니다. 그러므로 죽음이라는 것과 무관하게 지금 현재를 살아가는 사람은 없지요. 삶이 마친 후에 죽음이 온다기보다 삶 바로 밑에 죽음이 있는 셈이죠.

누구나 죽는다는 것은 분명한 사실이므로 죽음만큼은 기다릴 필요가 없습니다. 지금에 충실하다 보면 굳이 삶은 생각하지 않게 되며, 죽음이 어떤 것이냐에 따라 삶의 태도를 바꿔서는 안 된다는 말씀도 드렸습니다. 이 정도로 과감히 생각해야 죽음의 불안에 사로잡히지 않게 됩니다.

Q 저는 미키가 집착할 것이 있기에 죽을 수 있다고 한 말이 삶 안에 죽음이 있고, 죽음이 곧 살아가는 것과 다름없다는 의미처럼 느껴졌습니다. 죽음과 삶이 이어지는 느낌이랄까요?

A 미키는 '허무의 마음'이라는 표현을 썼습니다만, 그런 경지에 이르는 것은 매우 어려운 일이라고 생각합니다. 그렇다면 그것으로 괜찮지 않을까요. 삶에 집착함으로써 오히려 삶과 죽음의 절대적인 차이를 받아들일 수 있을 것도 같은데, 죽은 아이에게 집착했던 키사고타미처럼 말이죠.

Q 이솝우화에 등장하는 개미와 베짱이 이야기에서 개미는 다가올 겨울에 대비하여 열심히 일하는데 베짱이는 지금을 살아갑니다. '지금을 살아가는' 것과 '오래 사는' 것에 대해서 생각을 정리해 보고 싶습니다.

A 인간은 언제 죽을지 알 수 없습니다. 그러므로 앞날을 준비하고 그 때를 위해 열심히 살지만, 그것이 '지금'을 허사로 만들어 버릴지도 모릅니다. 그런 의미에서는 베짱이처럼 사는 것도 하나의 삶의 방법이라고 할 수 있지 않을까요.

하지만 아들러가 '오늘만 좋으면 된다, 지금만 좋으면 된다'고 하는 삶의 방법을 권장하고 있는 것은 아닙니다. 지난 강연에서도 말씀드렸듯이 지금을 살아간다는 말은 찰나주의적으로 산다는 의미가 아니라, '지금 여기'에 있는 '타자공헌'을 목표로 살아간다는 의미입니다. 타자공헌이라고 해서 거창할 필요는 없습니다. 여러 차례 말씀드린 바와 같이 인간은 삶을 살아감으로써 공헌하고 있으니까요.

A 오래 살 수 있을지 어떨지는 알 수 없습니다. 살다 보니 백 살까지
살았다는 사람도 있을 수 있을 겁니다. 즉 오래 살았다고 해서 그
인생이 좋은 인생이냐 하면 그렇지만도 않다는 말씀을 드리고 싶
군요. 오래 살든 빨리 죽든 가치의 우열을 따질 순 없습니다. '지금
여기'를 살아내고 있느냐 아니냐 하는 것만이 중요하지요. '지금
여기'에 초점을 맞춘 인생을 살고 있느냐 하는 것이 문제입니다.

삶이 안정되면 인생에 희미한 빛을 대고 있는 것처럼 앞이 보이는
듯한 착각이 들게 마련입니다. 그런 사람은 인생 설계를 하겠지만,
질병이나 사고나 재해를 당했을 때 인생 계획 같은 건 세울 수 없
구나 하는 사실을 깨닫게 됩니다.

무언가를 달성하는 것이 성공이며, 성공하면 행복해진다고 생각하
는 사람은 계획이 실현되지 않으면 상당한 타격을 입습니다. 겨우
내 집을 지었는데 집이 무너져 버렸다는 사람도 있을 수 있습니다.
그런 일은 얼마든지 인생에서 일어날 수 있으니까요.

우리는 성공하기 위해서 살고 있는 것이 아닙니다. 자신이 어떤 형
태로든 타인에게 공헌하고 있다는 생각으로 사는 사람, 또는 그런
사실을 의식할 수 있는 사람이 행복한 인생을 살 수 있습니다. 그
런 생각을 할 수 있느냐, 없느냐에 따라 죽음을 향한 시각도 달라

지겠지요. 지금, 자신이 타인에게 공헌하고 있어서 행복하다고 느끼는 사람은 인생 설계를 하는 사람이 느끼는 죽음에 대한 공포나 불안감을 느끼지 않습니다.

Q '나'라는 것에 대해서 조금 더 여쭙고 싶습니다. 예를 들어 화상을 입어도 몸의 변화는 있을지언정 '나'라는 것에는 변함이 없다, 치매와 같은 마음의 병을 앓고 있어도 나는 '나'임에 변함이 없다는 의미였던 것 같습니다만, '나'라는 존재는 불사(不死)라고 해도 '나'라는 것이 바뀌는 경우가 있을 것 같은데 그렇지는 않나요?
일을 열심히 하려다가도 또 자신이 정한 것은 완수해 내자 싶다가도 어쩔 때는 그런 생각이 들지 않습니다. 예를 들어 이런 식으로 바뀌어 버리면 그것은 '나'라는 것이 한 번 죽어서 전혀 다른 자신이 되는 건가 싶어서요.

A '나'라는 존재는 끊임없이 변화합니다. 그런데 한편으로 10년 전의 '나'와 지금의 '나' 사이에는 연속성이 있다고 생각하지 않으세요? 어린 시절의 나와 지금의 나 사이에는 연속성이 있습니다. 비록 겉모습이 바뀌었더라도 그때의 자신과 지금의 자신에게는 연

다섯 번째 수업. 죽음은 끝이 아니다

관성이 있다는 의미에서의 동일성은 유지되고 있지요.

타인의 영향으로 자신이 바뀌기도 합니다. 어떤 사람 앞에서도 있는 그대로의 자신을 드러내는 사람이나 그 누구로부터도 영향을 받지 않고 결코 안 바뀐다는 사람은 아마 없을 겁니다. 그렇다고 그때마다 다른 사람이 되는 것은 아닙니다. 예를 들어 이 사람 앞에서는 여느 때의 자신이 아닌 다른 자신이 되자고 결정하는 것도 다름 아닌 바로 '나'이며, 그런 '나'는 계속 '나'인 것이죠.

Q '지금 여기'라는 표현이 있었습니다만, 시간 감각이나 공간 감각이 없어도, 아니면 없기에 오히려 '지금 여기'라는 것을 알 수 있는 것인지요? 또, '지금 여기'를 산다는 말의 의미는 "지금 나는 하루하루를 충실히 살고 있구나."라는 생각이 들 때를 일컫는다고 생각하면 될까요?

A 아버지가 치매를 앓으면서부터는 방금 전 일도 잊어버리시더군요. 어머니도 기억을 못 하셔서 많이 놀랐습니다만, 한편으론 인간의 이상적인 삶을 사셨다고 말할 수 있을지도 모르겠습니다. 우리는 의식적으로 과거와 미래를 손에서 놓아야 합니다. 안 그러면 과거를 생각하며 후회하고 미래를 생각하며 불안해할 테니까요.

그래도 '지금 여기'를 살고 있었음을 깨닫는 경우가 있습니다. '지금 여기'를 과거형으로 말하려니 이상하기는 하지만, '지금 여기'를 살고 있는 순간에는 그것조차 의식하지 못하니까요. 저는 이렇게 강의를 하는 순간 '지금 여기'를 살고 있습니다. 몸에 대해서도 잊어버립니다. 그런데 문득 내일까지 보내야 하는 원고를 아직 다 쓰지 못했다는 생각이 떠오르면 순식간에 현실로 되돌아옵니다. 하지만 오늘 강연을 시작한 순간부터 지금 이 순간에 이르기까지 미래는 전혀 의식하지 않았습니다. 후회도 불안도 나아가 자신이 행복한가 하는 것에 대해서조차 의식하고 있지 않았지요.

어느 날 아버지가 심각한 표정으로 "내 집으로 돌아가련다."라는 말을 꺼내시더군요. 전에 아버지 혼자 사시던 집은 이미 처분을 해 버려서 아버지에게는 돌아갈 집이 없었는데 말이죠. "아버지 그런 말씀 마시고 일단 앉아 보세요." 하고 진정시킨 뒤 차분히 얘기를 나누었죠. 그러자 아무 데도 돌아가지 않아도 된다는 것을 이해하시고는 안정을 찾으시더군요.

여러분은 지금 여기에 있으면서 문득문득 다른 시간과 장소를 떠올리고 있지는 않나요? "내가 지금 여기 있을 때가 아닌데….", "집으로 얼른 돌아가야 하는데…." 하고요. 예전에 한 간호과 학생이 제 강의 시간에 강의는 듣지 않고 떡하니 자격시험 예상문제집을 풀더군요. 제 강의를 듣지 않았다고 해서 장래에 환자의 목숨을 빼앗게 되는 일이 생기지는 않겠지만, 그때 그 학생이 "이 선생님 수

다섯 번째 수업. 죽음은 끝이 아니다

업은 나랑은 별 상관없으니 의미가 없어."라는 생각으로 강의를 듣지 않은 탓에 놓친 것이 있을 수도 있습니다. 그리고 그로 인해 환자의 생명을 빼앗게 되는 일이 생길지도 모르지요.

어떻게 될지 모르는 미래 때문에 '지금 여기'에만 있는 인생을 허투루 보내는 것은 안타까운 일이 아닐 수 없습니다.

여섯 번째 수업 ────────────────────

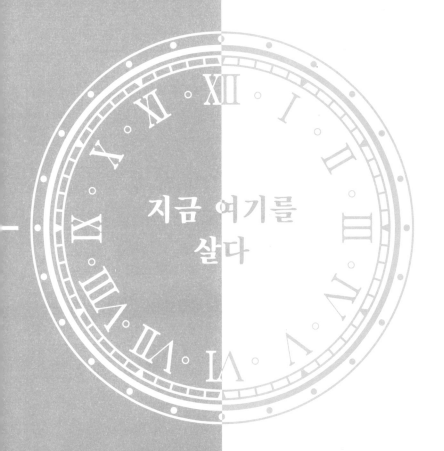

지금 여기를
살다

자흐리히하게 산다

벌써 마지막 강연을 하게 되었습니다. 사실 아들러는 '지금 여기'라는 표현을 쓰지 않았습니다. 미국의 정신분석학자이자 사회심리학자인 에리히 프롬(Erich Fromm)이 '히크 에트 눙(hic et nunc)'이라는 라틴어를 자신의 저작 『소유냐 존재냐(To have or to be?)』 안에 사용했는데, 'hic'이 '여기', 'nunc'이 '지금'이라는 뜻에 해당합니다.

물론 아들러가 이 말을 몰랐던 것은 아닙니다. 아들러는 '언자흐리히(unsachlich)'라는 말을 사용해 현실과의 접점이 없는 삶의 방식을 문제로 삼았지요. 'unsachlich'는 '사실' 또는 '현실'을 뜻하는 '자헤(Sache)'라는 명사에서 파생된 형용사 '자흐리히(sachlich)'에 부정 접두사 'un'을 붙여 '사실이나 현실에 근거를 두지 않다', '현실과의 접점을 잃다'라는 의미로 쓰입니다. 그러므로 부정 접두사 'un'을 떼어낸 'sachlich'는 '사실이나 현실에 근거를 둔'이라는 의미가 되지요. 저는 이것을 '즉사적(卽事的)[1]'이라고 번역했습니다.

---

1 관념이나 추상적인 사고가 아니라 실제의 사물에 비추어 생각하고 행동하는 것을 말하는 즉물적(卽物的)과 같은 의미.

'자흐리히하게 산다'라는 말은 현실과의 접점이 있는 삶의 방식 또는 더욱 쉽게 설명하자면 '실제적인 삶의 방식'이라는 의미가 됩니다. 첫 번째 수업에서 철학은 생활인으로서 실제적으로 사물을 생각하는 것이며, 또한 철학은 구체적으로 생각하는 것이라는 설명을 드렸습니다. 철학을 배운 사람의 삶의 방식도 현실에 근거를 둔 실제적인 방식이어야 한다는 의미입니다.

그럼 이제 어떻게 하면 그런 삶의 방식을 취할 수 있을지 생각해 보기로 하겠습니다.

——————— 남이 뭐라든 신경 쓰지 않는 태도

하나는 남이 어떻게 생각할지 신경 쓰지 않는 태도입니다. 이렇게 말하면 종종 오해가 빚어지는데 타인을 전혀 신경 쓰지 않거나 주위를 전혀 의식하지 않고 제멋대로 행동해도 된다는 의미는 아닙니다.

지금까지 기회가 닿아 대화를 나눠 봤던 젊은이들은 모두 '친절한' 사람들이었습니다. 자신의 언동이 타인에게 어떻게 받아들여질지를 의식할 줄 아는 능력이 중요하다는 사실은 두말할 필요도 없지요. 그런 의미에서 누구나가 남이 자신을 어떻게 생각할지 신경을 씁니다. 남에게 상처를 주지 말자고 각오해도 남을 아프게 하는 일이 있을 수 있는데, 그것을 의식하는 것과 의식하지 않는 것에는 큰 차이가 있지요.

그러나 남에게 상처를 주지 않으려고 지나치게 신경을 쓰다 보면 하고 싶은 말이 있어도 못 하게 되어 결국에는 바라지 않던 일을 하게 되고 맙니다. 하지만 여기서는 우선 남이 어떻게 생각할지를 신경 쓰는 사람은 친절한 사람이라고 이해해 주시기 바랍니다.

그렇다면 우리는 남이 나를 어떻게 생각해 주기를 바랄까요? 당연히 좋게 생각해 주기를 바라겠죠. 그래서 남이 좋게 봐 줬으면 하는 생각에 남의 기대에 맞추어 살려고 합니다. 그러다 보면 정말로 하고 싶은 일이 있어도 말하지 못하게 되죠. 가령 여럿이 함께 식사하는 자리에서 먹고 싶은 음식이 있어도 다른 사람과 같은 것을 주문하는 정도의 일이라면 그다지 크게 해가 되지는 않겠지만, 자신의 진로를 결정하는 정도의 중요한 일이라면 이야기가 다릅니다. 이 결정을 부모의 희망에 맞추면 자신의 인생이 아닌 부모의 인생을 대신 살게 되는 셈이니까요.

다른 한편, 자신이 하고 싶은 것을 타인이 어떻게 생각하든 상관없이 스스로 결정하면 그 결정에 반대하는 사람이 반드시 나타나게 마련입니다. 미움을 받게 되는 일도 있습니다.

만일 누구나가 좋게 생각하는 사람, 아무에게도 미움받지 않는 사람이 있다면 그 사람은 자신의 인생을 살고 있지 않다는 얘기가 됩니다. 다시 말해 자신을 주변에 맞추면서 살고 있기 때문에 그를 나쁘게 말하는 사람이 없을 뿐이라는 얘기입니다.

그런 사람은 자신의 신념에 따라 살아가는 것이 아니라, 타인의 마음에 들기 위한 삶을 살게 되므로 인생의 방향성이 정해지지 않습니다. 또한, 자기 생각을 갖지 않고 끊임없이 남의 안색을 살피며 의견을 바꾸므로 나중에는 누구에게도 신뢰받지 못하게 됩니다.

그러므로 자신을 싫어하는 사람이 있다는 얘기는 자신이 자유롭게 살고 있다는 증거입니다. 자유롭게 살아가기 위해서는 그 정도의 대가는 지불해야 한다고 할 수 있습니다.

젊은이의 경우라면 부모님이 결혼을 반대하는 상황이 있을 수 있을 텐데, 그 부모는 자식의 결혼을 반대하는 것이 자신의 일이라고 생각하고 있을지도 모릅니다. 하지만 부모는 자식의 인생을 책임질 수 없습니다. 예를 들어 나중에 자식으로부터 "그때 부모님 반대로 좋아하는 사람과 결혼하는 것을 포기했지만, 만일 내가 좋아하는 사람과 결혼했더라면 지금쯤 행복해졌을 거예요."라는 말을 듣는다면 어떨까요? 부모는 자식의 결혼을 반대한 것에 책임을 질 수 있을까요?

그렇다고 자식이 결혼 생활이 힘들 때마다 부모님 반대로 좋아하는 사람과 결혼을 하지 못해 불행해졌다며 부모 탓으로 돌리는 것은 정당할까요? 아니죠. 비겁한 태도입니다. 부모의 반대로 결혼을 단념한 사람은 그때 부모에게 좋게 보이는 걸 선택한 바로 자기 자신이니까요. 그런 마음으로 자기 인생을 포기하는 사람은 자흐리히하게 살고 있다고 할 수 없습니다. 그 사람은 자신이 아니라 부모의 인생을 대신 살고 있는 셈이기 때문입니다.

요즘엔 부모가 시켜서 결혼하는 사람은 드물지도 모르겠습니다. 반대로 나이를 먹었는데도 결혼하지 않는 자식을 걱정하는 부모는 많지요. 부모가 결혼을 재촉해도 자식은 본인 자신의 인생이므로 당연히 거부해도 됩니다.

——— 자신을 향한 관심을 타인에게 돌린다

아들러는 남에게 잘 보이고 싶어 하는 마음을 가리켜 '허영심'이라고 표현했습니다. "사람은 허영심으로 인해 쉽게 현실과의 접점을 잃는다."라고 주장했죠. 그런 사람은 자신의 인생이 아닌, 타인이 자신에게 기대하는 인생을 살려는 것이므로, 자흐리히하게 산다고 말할 수 없습니다.

또한, 무리하면서까지 자신을 실제보다 잘 보이고자 하는 사람도 남의 기대에 맞춰 살고 있는 것입니다. 그처럼 있는 그대로의 자신의 삶을 영위하지 못하는 사람은 자신이 아닌 타인의 인생을 살고 있다는 얘기가 됩니다. 반대로 남에게 좋게 보이려고 굳이 노력하지 않는 사람은 현실과의 접점을 잃지 않고 자흐리히하게 살고 있다고 말할 수 있지요.

더욱이 아들러는 남이 어떻게 생각할지를 신경 쓰는 사람은 '행동의 자유'를 방해받는다고 말했습니다. 이에 대해서는 두 번째 수업에서도 말씀드렸습니다만, 행동의 자유를 방해받는다는 것은 할말을 못 하고 하고 싶은 것을 못 한다는 의미입니다. 자신이 무슨말을 하고 싶은지, 무엇을 하고 싶은지 모를 리는 없습니다만, 혹시상사에게 이런 말을 했다가 밉보이면 어쩌나, 내 입장만 불리해지는 것은 아닐까 하는 걱정에 사실을 말하지 못하는 것이죠. 또는 행여 실수라도 해서 상사에게 혼이 나거나 책임을 떠맡게 되는 상황에 놓이는 것보다야 위에서 시키는 대로 따르기만 하는 편이 훨씬편할 거라는 생각으로 상사가 시키는 일만 하는 겁니다.

양심의 가책이라고는 털끝만큼도 없이 영혼을 팔아먹기라도 한것 같은 공직자나 정치인이 지금 너무나도 많습니다. 이런 사회가되면 '인간의 모든 자유'가 방해를 받는다고 아들러는 주장합니다. 그렇게 되는 이유는 자신에게 유리한 것이냐 아니냐 하는 것만을생각하기 때문입니다. 반대로 양심의 가책을 느끼는 사람은 고민하게 됩니다. 그래서 스스로 목숨을 끊는 사람도 있습니다만, 그런 일이 있어서는 안 됩니다.

해야 할 일을 하지 않고, 할 말을 하지 못하는 사람은 결국 자기자신 말고는 아무에게도 관심이 없다는 말입니다. 아들러가 주장하는 '공동체 감각'은 영어로는 '소셜 인트레스트(social interest)'라고 합니다. 이것은 '타인을 향한 관심'이라는 뜻입니다. 그리고 아들러가 생각했던 교육의 목표는 '자신을 향한 관심(self interest)'을 '타인을 향한 관심(social interest)' 으로 돌린다는 의미의 '공동체 감각의 육성'이었습니다.

아들러는 정치적인 힘을 이용해 세상을 개혁하는 일은 단념했습니다. 교육을 통해 세상을 개혁하지 않으면 안 된다고 생각했죠. 그 이유는 방금 설명드린 바와 같이 정치인이나 공직자에게는 자기 자신 이외에는 관심이 없다고 하는 큰 문제가 있었기 때문입니다.

누구나 막 태어났을 때는 이 세상의 중심에서 살아갑니다. 부모의 끊임없는 도움 없이 아이는 살아갈 수 없으니까요. 하지만 적당한 시기가 되면 아이는 부모로부터 스스로 할 수 있는 일은 스스로 하도록 배웁니다. 그때 자신이 세상의 중심이 아님을 알게 되는 것이지요.

그런데 자신이 세상의 중심에 있었을 때를 잊지 못하고 타인이 자신에게 뭘 해줄 것인가만을 생각하며 자기 자신 말고는 아무것에도 관심을 갖지 않는 사람이 있다는 게 문제입니다. 자신에게만 향해 있는 관심을 타인에게로 돌리는 것이 교육의 목표입니다. 타인에게 관심을 갖지 않는 정치가는 그저 해로운 존재일 뿐이지요.

있는 그대로의 자신을 받아들인다

자신에 대한 타인의 평가는 자신의 가치나 본질과는 전혀 관계가 없습니다. 남에게 좋은 소릴 들었다고 기뻐하는 사람이 많은데, 누군가로부터 무슨 말을 듣든 스스로 자신의 가치를 인정할 수 있어야 합니다. 타인의 평가에 자신을 맞추며 사는 사람의 삶은 자흐리히하지 못하다고 할 수 있습니다. 타인의 평가와는 관계없이 '있는 그대로의 자신'을 받아들이는 것이 자흐리히하게 산다는 것의 두 번째 의미입니다.

있는 그대로의 자신을 받아들이지 못하면 행복할 수 없습니다. 다른 도구와 달리, '나'라고 하는 도구가 마음에 안 든다고 해서 다른 '나'와 바꿀 수는 없는 노릇이니까요. 아무리 마음에 안 들어도 '나'와 죽을 때까지 함께할 수밖에 없습니다.

지금 막 '나'라는 도구는 다른 도구로 치환될 수 없다고 말씀드렸습니다만, 지난 강연에서 '나'라는 존재가 '마음'이나 '몸'을 사용한다는 표현을 썼듯이, 그에 따라 엄격한 표현을 골라 말하자면 마음이나 몸을 사용하는 '나'는 바꿀 수가 없다는 말입니다.

마음은 바뀝니다. 마음의 기능이라고 표현할 수도 있을 것 같은데, 자신이나 타인 또는 세상을 어떻게 볼 것이냐 하는 태도를 아들러는 '라이프 스타일(life style)'이라고 정의합니다. 이것은 일반적으로 '성격'이라고 불립니다. 바로 '나'라는 존재가 마음을 통해 라이프 스타일을 바꿀지 말지를 결정하는 것이지요. '라이프 스타일'이나 '성격'이 바뀌면 마치 딴 사람처럼 보일 수도 있습니다만, 그 역시도 다름 아닌 바로 '나'라는 존재가 결정합니다.

그렇다면 자기 생각대로 라이프 스타일을 결정할 수 있을까요? 사실은 그렇지만도 않습니다. 그 이유는 라이프 스타일을 정할 때 영향을 주는 요인이 많기 때문이죠. 그 여러 가지 요인이 '나'의 라이프 스타일 선택에 영향을 미칩니다.

몸의 경우도 마찬가지입니다. 늘 젊기만 할 줄 알았겠지만, 나이를 의식하지 않을 수 없는 상황이 옵니다. 젊은 사람이라도 갑자기 아파서 쓰러질 수 있고요. 그럴 때 어떻게 살 것인지를 결정하는 것도 바로 '나'이며, 자신의 몸 상태가 달라졌다고 해도 '나'라는 존재는 그대로입니다.

여러분은 지금까지의 인생을 되돌아볼 때 어떠신가요? 대다수의 부모는 아이에게 이상을 강요합니다. 자식은 자식대로 부모의 기대에 부응하고자 부단히 노력합니다. 처음에는 부모의 강요대로 본인 스스로도 이상적인 자신이 되려고 노력하지요. 강요받았다고 생각하지 않을 수도 있습니다.

제가 꼬맹이였을 때 할아버지가 늘 "너는 머리가 좋으니 크면 교토대학에 가거라."라는 말씀을 하셨던 기억이 있습니다. 당시엔 그 말이 무슨 뜻인지 정확히 알지도 못하면서 그저 똑똑하다고 인정받고 있음에 우쭐한 기분이 들었던 것 같습니다.

그처럼 부모나 교사, 어른들의 기대를 한 몸에 받고 자라던 아이는 언젠가 어른들의 기대를 만족시킬 수 없다는 사실을 알게 됩니다. 어른들이 기대하는 성적을 받지 못하면 순식간에 자신은 가치가 없고 쓸모없는 인간이라는 생각에 사로잡히지요.

저의 고등학교 때 얘기를 하나 해볼까 합니다. 어느 날 선생님이 과제로 내주신 영작문용 인쇄물을 보고 저는 선생님이 직접 만드신 게 아니라고 생각했습니다. 그래서 하굣길에 서점에 들러 영작문 문제집을 몇 권 집어 들고 살펴봤지요. 역시나 기존 문제집을 복사한 것이더군요. 저는 바로 그 문제집을 사 들고 집으로 돌아와 예습을 했습니다. 그러다 불쑥 해답이 보고 싶어 참을 수가 없더군요. 그래도 처음부터 답을 봐서는 안 된다는 생각에 직접 작문을 하기는 했습니다. 직접 해봤으니 괜찮겠지 하는 마음으로 슬쩍 답을 봤는데, 한 번 봐 버리고 나니 도저히 멈출 수가 없더라고요. "나는 답을 베낀 게 아니다. 그저 참고만 했을 뿐이다."라고 자신을 합리화하면서 예습한 후 다음 날 수업을 들었습니다.

그 수업은 학생이 먼저 답을 칠판에 적으면 선생님이 설명하면서 학생이 쓴 영어 문장을 고쳐 나가는 방식으로 진행되었는데, 답을 베낀 것이나 다름없는 제 문장은 당연히 완벽했으므로 선생님께서 고칠 부분이 없었지요. 선생님이 말씀하시더군요. "너, 영어 참 잘하는구나." 하고요. 그 뒤로 저는 선생님의 기대에 부응해야 한다고 생각했습니다. 문제집의 해답을 보고 쓰면 완벽한 영작문이 되겠지만, 그렇게 해서 선생님께 공부 잘하는 학생이라고 인정받은들 실제로는 영어 실력이 향상될 리 없으니까요.

처음부터 영어를 못하면 못하는 현실을 받아들여야 하는데 그러지 못했던 고등학생 시절의 저는 그런 씁쓸한 경험을 했었지요. 그 시절의 저는 자흐리히하게 살지 못했다고 할 수 있습니다.

공부뿐 아니라 다른 행동에서도 그렇습니다. 타인의 평가가 자신의 행동에 기준이 되고 마는 것이지요. "당신이라는 사람 참 별로네요."라는 말을 듣게 되면 우울해집니다. 하지만 그것은 자신에 대한 타인의 평가일 뿐이며, 타인의 평가로 인해 자신의 가치가 낮아지지는 않습니다. 반대로 "당신은 참 좋은 사람이군요."라는 말을 들으면 기분이 좋을 순 있지만, 그것 역시도 자신에 대한 타인의 평가일 뿐이지 타인의 평가가 자신의 가치를 높이지는 못합니다.

이러한 원리는 타인과의 교류에서뿐 아니라 직장 업무에도 마찬가지로 적용할 수 있습니다. 일에는 으레 평가가 따르기 마련으로, 결과를 내보이지 못하면 당연히 좋지 않은 평가가 따라옵니다. 하지만 그런 경우에도 평가와 자신의 가치는 별개임을 알아야 합니다. 물론 업무상의 평가를 높이기 위해서는 노력이 필요합니다. 하지만 일을 잘 못한다고 해서 인간성까지 얕보일 이유는 없다고 생각합니다.

좀 더 보충하자면 업무에서조차 그 평가가 반드시 옳다는 보장은 없습니다. 막 입사한 젊은 친구가 얼마나 일을 잘할지는 아무도 모롭니다. 요즘은 성과를 보이지 않으면 회사에 계속 있는 것 자체가 어려워지고 있습니다. 대학교수도 해마다 여러 건의 논문을 쓰고 학회에 발표해야 합니다. 그런데 정말로 독창적인 연구는 1, 2년 안에 결과를 내기 어렵습니다. 그러므로 젊은 사람이 당장에 결과를 내놓지 못하거나 그 결과를 정당하게 평가받지 못하더라도 너무 절망할 필요는 없습니다.

노력이 반드시 좋은 결과로 이어지지는 않습니다. 그때는 공부나 일에서 좋은 결과를 내지 못하는 것이 지금 있는 그대로의 자신임을 인정하고 스스로 좋은 결과를 내야겠다고 생각했다면 부족한 부분에서 채우는 공부를 하거나 일에 더욱 전념해야 합니다.

예를 들어 직장에서 갑자기 영어를 사용해야 하는 상황이 닥쳤다면, 학교 다닐 때도 영어를 잘 못했는데 하며 못하는 이유를 찾지 말고 당장에 사전을 찾아봐야 합니다. 기억력이 예전 같지 않다는 등의 핑계를 대는 사람도 많은데, 사실 기억력은 나이를 먹는다고 해서 쇠퇴하는 것이 아닙니다. 입시 공부를 하던 때처럼 각오를 다지고 공부한다면 영어뿐 아니라 다른 어떤 공부나 일도 불가능하지 않습니다.

또한, 정말로 그 공부가 필요한지 의문이라면 상사나 회사에 확인해 보면 됩니다. 상대가 회사든, 정부든 직원은 시키는 대로 유유낙낙(唯唯諾諾) 따르기만 하면 된다고 여기고, 따르지 않는 사람을 비난하는 것이 오히려 문제인 것이죠.

주제에서 좀 벗어난 것 같습니다만, 아무튼 '있는 그대로의 자신'이라는 것은 남이 강요하는 이상적인 자신도 아니고, 또 자기 자신이 스스로에게 요구하는 이상적인 자신도 아닙니다. 이상적인 자신과 현실의 자신 사이의 괴리감이 열등감이 되기도 합니다. 다시 말하건대 이상적인 자신이 되려고 생각하는 한 자흐리히하게 살기는 어렵습니다.

가능성 속에서 살지 않는 삶

'자흐리히하게 산다'는 것이 어떤 의미인지를 좀 더 생각해 보기로 하겠습니다. 신경증적인 라이프 스타일을 가지고 있는 사람은 "만일 ~라면" 하고 가능성에 기대 살아갑니다. 그런 사람은 과제에 도전하여 그 결과가 밝혀지는 일을 두려워하죠.

예를 들어 부모는 종종 아이에게 이런 말을 합니다. "사실 너는 머리가 좋으니까 정말 열심히 공부하면 성적이 더 좋아질 거야."라고요. 그렇다면 그런 얘기를 들은 아이는 정말로 열심히 공부를 할까요? 아닙니다. 왜냐하면 "만일 공부를 열심히 하면"이라는 가능성 안에서 사는 편이 정말로 열심히 공부했음에도 좋은 성적을 받지 못하는 현실에 직면하는 것보다는 훨씬 낫다고 생각하거든요.

또한, 이런 라이프 스타일의 사람은, 아들러의 표현을 빌리자면, "변화가 없는 상태였으면 좋겠다."라거나 "시간을 멈추고 싶다."라는 생각을 합니다. 과제를 앞에 두고 망설이는 것이죠. 그런 행동을 하는 목적도 분명합니다. 결과를 내보이고 싶지 않은 것입니다. 그리고 과제 회피를 정당화할 이유를 잔뜩 늘어놓습니다. "네. 그렇지만…" 하고 말이죠. '그렇지만'이라는 말이 입에서 나온 시점에서 '하지 않겠다'는 결의를 표명한 것입니다.

그러나 원하는 결과를 못 내놓더라도 또는 실패를 하더라도 우선은 시작해 보는 수밖에 없습니다. 결과는 결국엔 나오게 마련이므로, 그것을 직면하는 편이 오히려 낫죠. 그런 후에 대책을 찾으면 됩니다. 가능성 안에서 살기를 그만두고 현실과 직면하는 것이 자흐리히하게 산다는 말의 의미입니다.

—————————— 사람은 흐름 속에서 살아간다

'자흐리히(sachlich)'라는 단어는 과거와 미래를 손에서 놓고 '지금'을 살아간다는 의미에서 시간적으로도 사용할 수 있습니다.

오늘 강연의 서두에서 말씀드린 '지금 여기를 산다'라는 표현은 고대 로마의 스토아학파 철학에서 유래합니다. 로마의 황제 마르크스 아우렐리우스는 다음과 같은 말을 했습니다.

"네가 3천 년, 아니 3만 년을 산다 한들 그 누구도 지금 살고 있는 삶 외에 다른 삶을 잃지 않으며, 지금 잃고 있는 삶 외에 다른 삶을 살지 않는다는 점을 잊지 마라."(『자성록』)

3천 년이라든가 3만 년이라고 하면 좀 긴 것 같기도 합니다만, 문제는 몇 년을 사느냐가 아니라, 갓 태어난 아기도 오래 산 노인도 '지금'이라는 순간밖에 살 수 없다는 사실입니다.

아우렐리우스는 다음과 같이 말을 이어 나갑니다.

"고로 가장 긴 삶과 가장 짧은 삶은 서로 다를 바가 없다."

손가락 사이로 모래 알갱이가 빠져나가듯이 지나가 버린 과거도 아직 오지 않은 미래도 가질 수는 없는 것이지요.

"과거의 길이에서는 차이가 있을지언정, 현재의 시점은 누구에게나 동일한 길이이고, 또 상실된 시간은 한순간으로 여겨질 뿐이기 때문이다. 그 누구도 과거와 미래를 잃을 수는 없으니 갖고 있지 않은 것을 어떻게 빼앗길 수 있는가?"

과거와 미래는 가질 수 없죠. 무엇보다 여기서 아우렐리우스는 '지금'이라는 것은 잃을 수 있으므로, 잃을 수 있는 '지금'은 가질 수 있다고 말하는 것처럼 보입니다만, 사실 '지금'이라는 것도 가질 수는 없습니다.

"각자는 현재라는 짧은 순간을 살고 있다는 점을 명심하라. 나머지 시간은 이미 살았거나 불확실하다."

사람은 흐름 속에서 살아갑니다. 고대 그리스의 철학자 헤라클레이토스는 "같은 강물에 두 번 발을 담글 수 없다."라고 말했습니다. 만물은 흘러가는 것으로, 이 세상에 같은 것이라고는 무엇 하나 없다는 말입니다. 다른 한편, 미래에 무슨 일이 벌어질지는 아무도 모릅니다. 그런 의미에서 미래는 '불확실한 것'이지요. 내일 반드시 이렇게 될 것이라고 확신해도 그대로 이루어지는 일은 결코 없습니다.

상식적으로는 인생을 탄생에서 시작해 죽음으로 끝나는 직선적인 개념으로 생각하겠지만, 사람은 지금 현재를 사는 것이며 그 점(点)의 연속이 인생일 뿐입니다. 그저 시시각각의 '지금'을 살아가다 보면 문득 삶을 되돌아봤을 때 오래 살았을 수도 있겠으나, 과거도 미래도 가질 수 없으므로 얼마나 오래 살았느냐는 애초에 문제가 되지 않는 것이지요. 젊어서 죽은 사람을 두고 '도중에 죽었다'고 표현하기도 합니다만, 아우렐리우스처럼 생각하면 '도중'이라는 것은 있을 수 없는 얘기가 됩니다.

과거에 매달리지 마라

과거는 '이미 살아버려서' 이제 어디에도 없습니다. 돌이킬 수 없는 것이지요. 아무리 생생하게 기억하고 있어도 그 순간으로 되돌아가지는 못합니다. 지금 현재의 삶이 힘들고 괴로운 이유가 과거의 경험 때문이라는 사람이 있을 텐데, 타임머신이라도 생기지 않는 이상 과거로 되돌아갈 수는 없습니다. 그렇다면 그 원인을 없애기는 어려우므로 앞으로도 계속 살기 힘들다고 느끼면서 살아가야 하겠죠.

부모는 아이에게 지대한 영향을 미칩니다. 어른이 되고 나서 자신이 어떻게 자랐는지를 알았을 때, 자신이 지금 힘들게 사는 원인이 부모에게 있다고 생각하는 사람의 마음을 모르는 바는 아닙니다만, 그래도 우리가 앞으로도 계속 살아가야 하는 것은 분명하므로 과거에 얽매여서는 안 됩니다.

부모 역시 아이가 미워서 그랬을 리는 없습니다. 아이가 등교를 거부한다며 상담을 받으러 오시는 분들께 "부모님은 나쁜 부모가 아니라, 서툴렀던 겁니다."라는 말씀을 드리곤 하는데, 저는 그분들이 아이와의 관계를 구축하는 방법을 몰랐을 뿐이라고 생각합니다.

부모 입장에서 보면 육아는 후회의 집대성이라고 할 수 있습니다. 한참 나중이 되어서야 그때 그러지 말았어야 했는데 싶죠. 저는 상담을 받으러 오시는 부모님들에게 아이와의 관계를 개선하고 싶다면 그 방법을 아이와 함께 배워 나가라고 제안합니다.

불완전한 육아 또는 보살핌이었다고 해도 그것이 당장에 아이와 부모에게 악영향을 끼치는 것은 아닙니다. 아무리 자신을 모질게 대하는 부모라도 받아들이는 아이들이 있지요. 그런 아이를 상담하

여섯 번째 수업. 지금 여기를 살다

다가 무심코 "부모님이 너무하셨구나."라는 말이 튀어나올 뻔한 적이 있었는데, 그 순간 아이가 "그래도 가끔 잘해 줄 때도 있어요."라고 말하더군요.

그런데 사실은 아이가 부모를 원망하는 편이 낫습니다. 무슨 말이냐면 예를 들어 부모가 아이를 학대하면서 키웠을 때, 아이가 그것을 받아들이지 않고 반발했다면 자신이 나중에 부모가 되어 아이를 키울 때 아이를 심하게 대하지 않게 됩니다. 반대로 학대하는 부모를 받아들였던 아이는 성인이 되어 가정을 꾸렸을 때, 자신의 부모가 그랬던 것처럼 자신의 아이를 학대하기도 하는데 유감스럽게도 이런 일이 종종 벌어지는 이유는 자신이 자기 아이를 학대하면서도 한편으로는 사랑하는 마음을 가지고 있듯이, 자신의 부모 역시도 자신을 학대했으나 사랑하기도 했을 거라 믿고 싶기 때문입니다. 그렇게 해서 학대는 대물림됩니다.

교육의 본래 목적이 자립이라고 생각하면 아이가 부모에게 정나미가 떨어져서 부모 곁을 떠난다면 그것은 어떤 의미에서는 교육에 성공한 것이라고 말할 수 있을지도 모르겠습니다. 하지만 교육의 목표는 자신을 향한 관심을 타인에게 돌리는 '공동체 감각의 육성'임을 잊지 말아야 합니다.

미래 역시 손에서 놓아야 합니다. 미래는 '아직 오지 않은 것'이 아니라 단적으로 없습니다. 미래를 생각하면 괜히 불안해지기도 하는데, 그때가 되어 보지 않으면 알 수 없는 일 때문에 느끼는 지금의 불안은 의미가 없지요.

아이가 등교를 거부하면 부모는 이대로 쭉 집에 틀어박혀 지내는 건 아닐지 불안해집니다. 하지만 아이 자신도 불안하기는 마찬가지입니다. 부모는 아이가 하루라도 빨리 학교에 가기를 바라겠죠. 하지만 어떻게 될지 알 수 없는 앞날을 생각하며 불안해하기보다 아이가 무사히 집에 있다는 것만으로도 감사하다고 생각하게 되면 조바심에서 벗어날 수 있으며 그렇게 되면 아이와의 관계도 달라집니다.

부모와 아이의 관계가 좋아진들 아이가 학교에 갈지 어떨지는 알 수 없습니다. 학교에 갈지 말지는 아이의 결정이니까요. 하지만 중요한 것은 집에 있는 시간도 아이에게는 진정한 인생이며 결코 가짜 인생이 아니라는 사실, 학교에 다시 가는 날을 위한 준비 기간이나 리허설 따위가 아니라는 사실입니다.

이것은 누구에게나 해당되는 얘기입니다. 어떤 상황이든 준비 기간이나 리허설이 아니라 본방인 셈이죠. 아파서 입원한 상황이라면 그 순간이 바로 그 사람에게 진짜 인생이지, 퇴원해서야 비로소 진짜 인생이 시작되는 게 아니라는 말입니다.

앞으로 어떤 일이 벌어질지 알 수 없으면 당연히 불안해지게 마련입니다. 하지만 인생의 앞날을 훤히 내다볼 수 있다고 해서 좋기만 할까요? 그렇지 않습니다. 지난 강연에서도 살펴봤듯이 인생을 비추는 희미한 빛이 있어서 왠지 앞이 보이는 것 같은 기분이 들 뿐입니다.

지금 여기에 있는 목표

지금까지 살펴본 바와 같이, 과거나 미래에 얽매이지 않고 '지금 여기'에 초점을 맞춰 어떤 삶의 방식이 바람직한지를 적극적으로 생각하며 살아가야 합니다. 현실과의 접점을 잃어버리면 "인생이 요구하는 것, 인간으로서 [타인에게] 뭘 줘야 하는지를 잊는다."라고 아들러는 말합니다(『아들러의 인간이해(Menschenkenntnis)』).

타인에게 뭘 줄 수 있을까요? '준다'는 것은 바로 '공헌하는' 것을 의미합니다. 그리고 꼭 무언가를 해야만 공헌이 되는 것은 아닙니다. 여러 번 설명드렸듯 자신이 '지금 여기'를 살아가는 것 그 자체가 타인에게 공헌하는 일이지요.

이런 생각을 갖기까지 물론 쉽지 않을 겁니다. 어릴 때부터 뭔가를 잘해야만 한다는 소릴 들으면서 자랐고, 어른이 되어서도 여전히 성공하지 않으면 안 된다는 얘길 들으며, 스스로도 자신에게 강박적으로 그렇게 말해 왔던 사람에게 "아무것도 못 해도 괜찮다."라고 말한들 당장에 받아들여지기는 쉽지 않을 테니까요.

하지만 네 번째 강연에서도 말씀드렸듯이, 나이를 먹거나 병에 걸려서 여러 가지를 못 하게 되었다고 해도 자신의 가치는 변함이 없습니다. 또, 몸이 아파서 가족의 도움을 받는다고 해도 폐를 끼친다고 생각할 필요는 없습니다. 자신은 가족이 그런 보살핌이나 간병을 통해 공헌감을 가질 수 있도록 공헌하고 있는 셈이니까요.

자신이 살아가고 있는 것 자체로 타인에게 공헌하고 있다고 여길 수 있는 사람은 타인에게 너그러워질 수 있습니다. 부모와 아이의 관계를 예로 들면 아이가 학교에 가든 안 가든 살아있다는 것 자체만으로 기쁨을 느낄 수 있는 것이지요.

방금 설명드린 '타자공헌'이 삶의 목표입니다. 목적이나 목표를 미래에 두지 않아도 됩니다. 아무것도 이루지 않아도 '지금 여기'를 사는 것으로 타인에게 공헌하고자 하는 목적, 목표로 살아가는 것이므로 '지금 여기를 산다'는 것은 찰나적으로 산다는 의미가 아닙니다. 무언가를 달성하지 않아도 삶의 매 순간 타인에게 공헌하고 있음을 알면 미래를 기다리지 않아도 '지금 여기'에서 행복할 수 있습니다.

극심한 통증을 호소하는 환자에게 의사가 "내일이면 다 좋아질 거예요."라고 말해도 통증은 여전하듯이, 절망적인 일이 닥쳤을 때 "밝지 않는 밤은 없다."라거나 "동트기 전이 가장 어둡다."라는 말을 들어도 안심시키기 위한 말로밖에 들리지 않습니다. 아파서 누워 있는 사람에게 "얼른 나아서 다시 일하셔야죠."라고 말하는 것도 마찬가지입니다. 지금 건강을 되찾지 못한 사람에게는 가닿지 않는 말이지요. 하지만 병이 치유되지 않는다고 해서 타인에게 공헌할 수 없는 것은 아닙니다. 물론 건강이 회복되면 일도 할 수 있게 되겠지만, 꼭 그렇지 않아도 지금 이미 타인에게 충분히 공헌하고 있다는 점을 환자에게 전해야 합니다.

환자 역시도 병에 걸려 아무것도 못 하고 병상에 누워 있는 지금이라는 시간이 병을 치료해 다시 일할 수 있게 될 날을 위한 준비 기간이라고 생각해서는 안 됩니다. 설령 병이 낫지 않는데도 매 순간순간이 연습 무대가 아닌 본무대이니까요.

질병에 걸리지 않았더라도 살아가는 것은 힘든 일입니다. 하지만 인간의 가치는 삶에 있으므로 인생이 아무리 고통스러워도 살아가자는 마음을 갖는 것이 자흐리히하게 사는 삶입니다.

이치로와의 대화

Q 매일을 살아내면 내일에 기대지 않게 된다고 하셨는데, 정말 그
  런가요? 예를 들어 올림픽 출전을 목표로 매일같이 열심히 노
  력해서 준비하던 선수 입장에서는 올림픽 자체가 무산되거나
  연기된다면 엄청 실망이 클 것 같은데요.

A 올림픽이 무산되거나 연기되면 당연히 실망이 크겠지요. 저 역시
  도 한국 영화를 주제로 오랜 시간 공들여 책을 썼습니다만, 출판을
  앞두고 한일 관계가 악화되면서 출판을 미루게 되어 속상했던 경
  험이 있으니까요. 올림픽이 연기되어 크게 실망했을 운동선수들
  이 꼭 올림픽이 아니더라도 어떠한 형태로든 노력의 성과를 발휘
  할 날이 오기를 고대합니다.

  다만 운동선수가 결과를 내기 위해서만 매일 연습하고 있는 것은
  아니라고 생각합니다. 결과에 이르기까지의 과정이 중요하지, 결
  과만 내면 되는 것은 아니까요.

복싱 선수인 무라타 료타(村田 諒太) 선수를 인터뷰했던 적이 있습니다. 그는 자신이 시합에 나가 경기를 할 수 있는 것은 응원해 주는 많은 사람들 덕분이라고 말하더군요. 물론 맞는 말이기는 합니다만, 저는 그에게 "링에 오르면 응원해 주는 사람들 생각은 안 해도 된다. 당신이 링에서 싸우는 모습을 보며 아이들은 꿈을 키우고 어른들은 용기를 가질 테니까."라고 말해 주었습니다.

진심으로 선수를 응원하는 사람이라면 승패에 연연하지 않을 것이고, 그러니 선수 역시 좋은 결과를 보여 주지 못했다고 해서 미안해할 필요는 없는 셈이지요. 바라던 결과를 내지 못했다면 다시 연습하고 노력하면 됩니다. 오늘 강연의 말을 빌려 표현하자면 매일같이 '지금 여기'에서의 연습을 거듭하는 것이 최선이지요.

인생에서 자신의 바람이 실현되지 않는 일은 얼마든지 있습니다. 입시를 예를 들어 볼까요? 열심히 공부했으나 자신이 원하는 대학에 들어가지 못했다는 학생이 있습니다. 그렇다면 그 학생은 한 번 입시에 실패했다고 해서 그 후 평생 두 번 다시 공부를 안 할까요? 그렇지 않습니다. 진심으로 배움의 기쁨을 느낀 사람이라면 말이죠. 재클린 뒤 프레(Jacqueline du Pré)라는 첼리스트가 다발성 경화증으로 쓰러진 것은 그녀의 나이 스물여덟의 일이었습니다. 콘서트 도중에 팔과 손가락의 감각을 잃고 쓰러진 후 오랜 투병 생활 끝에 마흔두 살의 나이에 사망했지요.

그런데 그녀는 아파서 쓰러진 후에도 결코 병마에 굴복하지 않았습니다. 첼리스트로서 예전처럼 왕성한 활동은 못 했지만, 타악기 연주자로 무대에 서기도 하고, 세르게이 프로코피예프의 음악동화 『피터와 늑대』를 무대에서 낭독하기도 하면서 끝까지 음악을 포기하지 않았죠. 뛰어난 첼리스트로서 명연주를 남겼을 뿐 아니라, 첼로를 연주하지 못하게 되었을 때도 병에 굴하지 않고 인생을 살아낸 그녀의 이야기는 많은 사람의 심금을 울렸습니다.

Q '자흐리히'하게 산다는 것이 어떤 의미인지 잘 알았습니다만, 아래만 쳐다봐서는 안 되겠죠?!

A 첫 번째 수업에서도 등장했던 탈레스라는 철학자의 일화를 하나 더 얘기해 보겠습니다. 어느 날 별을 관찰하기 위해 집 밖으로 나온 탈레스가 도랑에 빠지고 맙니다. 큰 소리로 엉엉 울고 있는 탈레스를 보고 한 노파가 다음과 같이 말합니다.

"탈레스여, 너는 발밑에 있는 것도 보지 못하면서 어찌 하늘에 있는 것을 알 수 있다고 생각했느냐?"

하늘만 쳐다보다가는 탈레스처럼 도랑에 빠질지도 모릅니다. 그런데 발밑만을 보면서 걷게 되면 도랑에 빠지진 않을지 몰라도 다른 사람과 부딪혀서 넘어지고 말죠. 그렇게 되지 않기 위해서는 눈을 똑바로 뜨고 지금 자신이 어디에 있는지를 알아야 합니다. 발밑을 주시하고 현실적으로 살면서 더불어 이상도 잃어서는 안 되는 것입니다.

Q 세 번째 수업에서 아들러는 '사람에게 친구와 적이 있는 것이 아니라, 모든 사람은 친구'라고 생각했다는 말씀을 하셨는데, 너무 이상주의적인 생각이 아닐까요?

A 이상은 현실과 다르기에 이상인 것입니다. 현상을 그저 인정하는 즉, 현실은 이렇다고 말하는 것만으로는 이 세상을 더욱 좋게 만들어 나갈 수 없습니다. 현실주의는 현실을 설명하는 것에 일관할 뿐, 현실을 바꿀 힘은 없지요. 이상을 내세움으로써 비로소 더 나은 세상에 다가갈 수 있는 것이라고 생각합니다.

이 세상을 더욱 좋게 만든다는 말은 현상의 세상이 완전하지도 않고 이상적이지도 않다는 뜻입니다. 플라톤은 이러한 이상을 '이데아(idea)'라고 했습니다. 세상 모든 사물에서 이데아의 그림자를 볼 수 있지만, 어느 것도 완전하지는 않으니 중요한 것은 이상을 세상의 어떤 것과도 혼동하지 않는 것이라고 말이죠. 이 세상에서 일어나는 일들을 이상적 정의(正義)에 비추어 끊임없이 검증해야 하며,

무비판적으로 받아들여서는 안 된다는 의미입니다.

이러한 검증을 가능하게 하는 것이 철학입니다. 두 번째 수업의 질의응답에서도 말했듯이 철학은 현상을 설명하거나 인정하는 것이 아니라, 이상론이어야 합니다. 철학을 배워 이상을 똑바로 바라보는 사람은 어떠한 고난이 닥쳐도 주변에서 벌어지는 일을 냉철하게 분석하여 어떻게 대처하면 좋을지 생각할 수 있습니다.

Q 코로나바이러스의 전파가 날로 심각해지고 있습니다. 우리는 어떻게 하면 희망을 갖고 살아갈 수 있을까요?

A 이번 코로나바이러스처럼 전염병이 세계적으로 확산되어 대유행하는 상태를 가리켜 팬데믹(pandemic)이라고 합니다만, 이 말은 '모든 사람'이라는 의미의 '팬데모스(pandemos)'라는 고대 그리스어가 어원입니다.

그러므로 지금 일어나고 있는 일은 국난이 아니라 국제적 위기 또는 위험이라고 할 수 있습니다. 한 국가에만 닥친 재앙이 아니라, 세계 모든 사람에게 닥친 재앙이지요.

세 번째 수업에서 언급한 바와 같이, 아들러는 만일 중국 어딘가에 매 맞는 아이가 있다면 우리 모두는 그 일에 책임이 있다고 말했습니다. 즉, 자기 나라에서 발생한 질병이 아니라고 해도 그 질병에 책임이 있다는 얘기입니다. 하물며 지금의 코로나바이러스는 세계 각국에서 발생하고 있으니 모든 사람에게 책임이 있는 것이지요. 국가를 넘어 모두 한마음으로 극복을 위해 노력해야 합니다.

아들러는 "용기는 전염된다."라고 말했습니다. 모든 사람에게 전염되어 가고 있는 이 질병을 극복하기 위해서라도 이제 우리 모두에게 '용기'가 전염되어야 합니다. 그렇다면 어떤 용기가 필요할까요? 먼저 타인을 친구라고 생각하는 용기가 필요합니다. 그런 생각을 가져야 협력하려는 마음이 생기겠지요. 이 질병이 어디서 발생했느냐를 따져서는 안 된다는 얘기입니다.

다음은 비관적이지도 낙천적이지도 않을 용기가 필요합니다. 비관적인 사람은 "어쩔 수 없잖아."라며 포기하고 아무것도 하지 않습니다. 비관주의자는 상황에 대처하려는 용기가 없다고 아들러는 말합니다. 반면에 낙천적인 사람은 "어떻게든 되겠지."라고 생각하면서 아무것도 하지 않습니다. 자신은 아무것도 안 하면서 남에게 떠넘기는 셈이죠. 그러고는 뭔가 기적 같은 일이 일어나 곤란한 상황에서 벗어날 수 있게 되리라 기대합니다.

그러니 우리는 비관주의도 낙천주의도 아닌 '낙관주의'적인 태도를 가져야 합니다. 물론 직면한 질병에 따라 우리가 할 수 있는 일과 할 수 없는 일이 나뉩니다. 질병이 인간의 사정에 따라 종식될 리는 없으니까요. 그러니 가능한 것을 할 수밖에 없지요.

개인의 힘으로는 어쩔 수 없는 것들이 많습니다. 그런 부분에 대해서는 국가의 시책에 기대를 걸어야 하겠지만, 그래도 이의를 제기할 필요가 있을 때는 제기해야지, '어쩔 수 없다'며 포기해서는 안 된다고 생각합니다.

마지막으로는 앞으로 살아감에 있어서 정말로 중요한 것과 그렇지 않은 것을 구별하는 용기를 가져야 합니다. 대부분은 아무 일도 없다면 많은 사람이 공유하는 가치관에 의문을 갖지 않겠지만, 철학을 배운 우리는 그것을 자명한 것으로 여기지 말고 의심해 봐야 합니다. 나아가 자신의 가치관을 의심하고 인생의 의미를 생각하게 하는 것이 철학이라고, 저는 이해하고 있습니다.

아들러는 말합니다.

"일반적으로 주어진 '인생의 의미'라는 것은 없다. '인생의 의미'는 당신 스스로 자기 자신에게 부여하는 것이다."(『아들러 인생방법 심리학(What Life Should Mean to You)』)

이 말은 인생에는 의미가 없다는 뜻이 아닙니다. 인생에는 '일반적인' 의미가 없다, 즉 누구에게나 들어맞는 인생의 의미는 없다는 말입니다. 성공이야말로 인생의 의미라고 생각하면서 아무런 의심도 없이 성공을 인생의 목표로 삼는 사람이 많습니다만, 인생의 의미는 그런 게 아니라 자기 스스로 찾아야 하는 것입니다.

이것으로 〈잘 살아가기 위한 철학〉 강의를 모두 마치겠습니다. 감사합니다.

기시미 이치로의 **삶과 죽음**

초판 1쇄 발행 2021년 6월 15일

지은이   기시미 이치로(岸見 一郎)
옮긴이   고정아
펴낸이   권성애
편 집   나은비
디자인   얼앤똘비악earl_tolbiac@naver.com

펴낸곳   SA(에쎄이) Publishing Co. × WD 학술 문화 연구소
주소   서울특별시 강남구 영동대로 602, 6층 sgi159(삼성동)
이메일   sapublishingco@gmail.com
팩스   02-6305-0038
출판등록   제2020-000019호
책정가   15,000원

ISBN   979-11-969486-3-4 (03190)